Nightworks

Die schwarze Magie des Erschaffens

von Frank Lerch

Gesamtherstellung: Bohmeier Verlag, Printed in Germany

ISBN 3-89094-307-1

Nightworks
Die schwarze Magie des Erschaffens
von Frank Lerch

Dieses Buch gehört Dir, Susanne.
Viel Glück und Erfolg auf deinen Wanderungen
durch die Reiche der Nacht.

Inhaltsverzeichnis

Intro

Es ist nun fünf Jahre her, daß Sandy und ich den Entschluß faßten, die Ergebnisse unserer schwarzmagischen Experimente in mehreren Büchern zu veröffentlichen. Vier Tage vor Beginn eines großen gemeinsamen Projektes starb Sandy bei dem letzten seiner waghalsigen Experimente. Daraufhin verschwanden alle Manuskripte spurlos; lediglich die wenigen, die zum Durchlesen in meinem und Susanne's Besitz waren, blieben übrig und sind in diesem Buch publiziert.

Die Herausgeber von *Brimstone - A Journal of the Ancient Brotherhood Satan* gaben ihre Artikel zur Publikation frei und zusammen mit meinen Artikeln entstand so Band I der Edition GEON, wie wir unsere Schriftreihe nennen wollten. Binnen eines halben Jahres schrieb ich auf über 300 Seiten mir meinen Frust, meinen Zorn und meine Trauer von der Seele, veröffentlichte das Material in drei weiteren kleinen Büchern und hörte dann erschöpft mit dem Schreiben auf.

Seitdem sind zwei Jahre vergangen und endlich wird das Material in einer Auswahl einem größeren Publikum zugänglich gemacht. Eine schwere, aber erfüllende Geburt.

Jeder einzelne dieser Texte spricht für sich selbst, ich brauche, auch heute, nicht viel dazu zu sagen. Einiges will ich aber doch gleich zu Beginn klarstellen:

Ich bin kein Mitglied irgendeiner magischen oder spirituellen Organisation.

Ohne Zorn, Haß und Todesverachtung hast Du die Energie des Äons von Set-Satan noch nicht erfahren, ist alle Magick nichts.

Wenn Du mit deinen Ideen, Wünschen und Sehnsüchten nicht Ernst machen willst, setz dich besser vor dein Nintendo.

Und ohne Liebe, für die Du den Tod zu besiegen bereit bist, bist Du nicht mehr als ein benutztes Streichholz.

Sterne brennen! Und wer ihnen zu nahe kommt, verglüht darin. Das ist der einzige Maßstab, an dem Du echte Magick messen kannst. Teste deine Grenzen, dehne sie aus, werde kalt wie Eis und brenne mit der Glut von Tausend Sonnen. Suche die Gefahr, immer wieder, wachse an ihr, werde und gelange ins Dasein als eine Verkörperung unüberwindbarer Finsternis.

Xeper

Frank Lerch, Berlin, den 28. 10. 1997

Sandys Intro

Sandys Essays führen den Leser von den unterschiedlichsten Standpunkten aus in die satanistische Ideenwelt ein, die von jeder Perspektive aus verstanden werden kann. Ob allgemein historisch begründet oder mythisch, ob aus Reflexionen oder konkreten Gefühlen heraus, oder ob alchimistisch oder visionär betrachtet: immer geht es um die konkrete Situation des einzelnen Menschen in dem Spannungsfeld zwischen eigenem inneren Anspruch und vorgefertigter äußerer Wirklichkeit.

Sandy Lestat selbst lebte ständig in dieser Spannung und entzog sich ihr nicht durch einen Rückzug in magisch konstruierte Wirklichkeiten und Bedeutungswelten, sondern hielt sich immer an den inneren und äußeren Grenzen, um zu erforschen, wie frei der menschliche Wille wirklich ist oder sein kann. Seine kurzen Einführungen in gelebten Satanismus sind daher nicht nur inhaltlich aufschlußreich: durch seine Worte scheint immer der private Mensch auf, der erlebt, fühlt, leidet und begehrt. In der Hölle wachsen keine Blumen, und sie ist niemals frei von persönlichem Bezug, das machen seine Essays deutlich, und das ist das, was eine Einführung in den linken Pfad vermitteln muß. Danke, Sandy.

Philosophie des Satanismus

Feinde des Satanismus und auch viele „Satanisten“ selber glauben, daß Satanismus nichts anderes sei als die Negation des Judenchristentums. Wie auch immer, Satanismus als Prinzip ist älter als das Judentum und das Christentum.

Wir leben in einer Zivilisation, die von Anfang an schwer vom Judenchristentum beeinflußt wurde und es auf viele Arten immer noch ist. Deshalb benutzen auch viele Gegner des gegenwärtigen Systems Satan als ihr Symbol. Aber Satanismus ist mehr als nur die Opposition zu den vielen negativen Aspekten unserer Zivilisation. Er ist zeitlos und von kosmischer Bedeutung. Das satanische Prinzip kann als Häresie definiert werden, und dies auf eine Weise, die über die menschliche Sphäre weit hinausreicht.

Immer wenn eine Zivilisation, Gesellschaft oder Kultur zu stagnieren beginnt, wenn ihre Moral und ihre Traditionen die nötige heilende Veränderung zu stoppen suchen, stehen Häretiker auf und klagen die alte Ordnung an und versuchen eine Veränderung. In einem kosmischen Rahmen, welcher über den strengen menschlichen Bereich hinausgeht, ist das satanische Prinzip ein Aspekt der Natur selbst. Das Universum befindet sich in ständiger Veränderung. Dies ist die Basis für die Evolution. Der Agent der Veränderung ist das, was wir das satanische Prinzip nennen.

Die Menschen denken in Symbolen. Die Symbole, die sie zu den kosmischen Kräften in Bezug setzten, sind die der satanischen Wesen, ihrer Mythen und Religion. Satan, welchen Namen oder welche Gestalt wir ihm auch immer geben wollen, repräsentiert einen universellen Archetyp, ein Symbol kosmischer Energien und Kräfte. Die Tantriker Indiens und Tibets haben ein tiefes Verständnis des satanischen Prinzips als eine kosmische Kraft. Im Tantra wird dieses Prinzip von einer weiblichen Gottheit, Kali, repräsentiert. Sie ist die energetische Kraft des Kosmos. Der Gott Shiva steht für den Kosmos an sich. Die Tantriker sagen, daß Shiva ohne Kali ein Leiche ist. Dies umschreibt präzise das satanische Prinzip. Was die Tantriker ausdrücken wollen, ist, daß die kosmische Ordnung ohne eine aufteilende Kraft zur Veränderung stagnieren, zur Leiche würde.

In vielen Religionen und Mythen wird die stagnierende Natur des Kosmos, welche sich der Veränderung widersetzt, als „Gott“ beschrieben. Die entgegengesetzte Kraft, die Veränderung repräsentiert, als „Satan“. Es gibt eine kosmische Dualität, die einen Schub von ihrem Gegenpart erhält, wenn Stagnation droht, um die Balance zu erhalten. Moralisierende Religionen wie das Christentum, Judentum oder der Islam nennen dieses Gegensatzpaar „Gut“ und „Böse“.

Andere Religionen mit mehr Bezug zur Realität des Kosmos haben erkannt, daß beides, Ordnung und Veränderung, Schöpfung und Zerstörung und konsequente Erneuerung nötig und jenseits von Gut und Böse sind. Solch eine realistische Idee von der Natur des Kosmos gab es lange bevor die moralisierenden Religionen wie das Judenchristentum ihr Haupt erhoben. Kali wurde im Industal 2500 vor Christus verehrt.

Auch die alten nordischen Religionen erkannten die Natur des Kosmos. Das „satanische" Wesen, das als Ankläger und Widersacher der nordischen Götter auftritt, ist der Trickser Loki. Loki zeugt den Fenris-Wolf und die Midgardschlange. Wegen seiner Missetaten wurde Loki an einen Felsen gekettet. Auch Fenris wurde auf Grund seiner unbezähmbaren Wildheit von den Göttern gefesselt. Wenn Ragnarök, das Ende der alten Welt, kommt, werden Loki und Fenris von ihren Ketten befreit werden. Surt, der Feuerriese, wird seinen Arm gegen die Götter erheben und sich mit Loki und seinen Eisriesen verbünden, so erzählt die Legende. Fenris verschlingt den Spalt zwischen Himmel und Erde mit seinem Maul, die Midgardschlange erhebt sich aus der See und speit Gift. In dieser großen Schlacht werden alle sterben außer Surt, der die Welt mit Feuer zerstört. Aus dieser Zerstörung erhebt sich ein neuer Himmel und eine neue Erde. Die Söhne der Götter überleben, um zu herrschen. Die Welt wird wiederbevölkert von zwei menschlichen Überlebenden, die unter dem Weltenbaum Schutz gefunden hatten.

Diese Legende von Ragnarök beschreibt das satanische Prinzip (und seine grundlegend sexuelle Natur!). Es sind die Kräfte des sogenannten „Bösen", die als Agenten der Veränderung auftreten. Zerstörung ermöglicht Erneuerung. Es ist vielleicht signifikant, daß von den dunklen Legionen Surt am Leben bleibt. Das impliziert, daß zusammen mit einer neuen Generation von Menschen und Göttern auch eine neue Generation von satanischen Wesen entsteht, die, wenn die Zeit gekommen ist, sich wieder gegen die alten Götter erheben wird.

Wir sehen in dieser Legende die Erkenntnis der kosmischen Zyklen von Schöpfung, Zerstörung und Erneuerung und den Kampf der Gegensätze, der die Veränderung bewirkt. Was die moralisierenden Religionen „das Böse" nennen, ist das kreative Prinzip des Kosmos. Der Poet William Blake schreibt darüber folgendes: „Ohne Gegensätze gibt es keinen Fortschritt. Anziehung und Abstoßung, Ursache und Energie, Liebe und Haß sind für die menschliche Existenz nötig. Aus diesen Gegensätzen entspringt, was die Frommen „Gut" und „Böse" nennen. Gut ist das Passive, das der Ursache gehorcht, böse ist das Aktive, aufbrechend, voller Energie."

Der Philosoph Paul Carus[1] stellt dazu fest: „Übereinstimmend mit dem Bericht im zweiten Kapitel der Genesis ist Satan der Vater der Wissenschaft. Er veranlaßte Eva, Adam den Apfel vom Baum der Erkenntnis zum Essen zu geben. Satan produziert Unruhe in der Gesellschaft, – trotz vieler Unbequemlichkeiten läßt er die Welt sich nach vorne bewegen. Er ist der Patron des Fortschritts, der Erforschung und der Erfindung. Galileo und andere Männer der Wissenschaft werden als seine Nachkommen betrachtet und deshalb verfolgt von der Kirche. Der Teufel ist der Vater aller

---

1 Paul Carus, lebte 1852 bis 1919. Er war ein amerikanischer Philosoph, geboren in Ilsenburg, Germany. 1884 ließ er sich in Chicago nieder. Er war Herausgeber (ab 1887) des „philosophical journal Open Court", und (ab 1888) „the Monist; gegründet vom „Open Court Publishing Co." um philosophische und wissenschaftliche Abhandlungen zu veröffentlichen. Autor von Monism and Meliorism (1885), Soul of Man (1891), Religion and Science (1893), The Surd of Metaphysics (1903), God (1908), The Principle of Relativity (1913))

mißverstandenen Genies. Er ist es, der Originalität in Gedanken und Werken schenkt. Er ist der Geist der Unzufriedenheit, die unsere Herzen verbittert, aber am Ende führt er zu einem besseren Arrangement der Dinge. Der Teufel ist der Rebell im Kosmos, der Unabhängige im Reich der Tyrannen, das Gegenteil der Einförmigkeit, die Ausnahme von der Regel. Er ist die Tendenz zur Individualität, die Sehnsucht nach Originalität, welche die Regeln Gottes umwirft, der eine festgelegte Form des Verhaltens erzwingen will; er überwindet die Monotonie, die in die kosmischen Sphären eindringen würde, wenn jedes Atom in unbewußter Rechtschaffenheit und mit gläubigem Gehorsam sklavisch einem allgemein vorgeschriebenen Kurs folgen würde." Soweit Paul Carus.

In den Religionen und Mythen war es der dämonische Rebell gegen Gott, der als Freund des Menschen dargestellt wurde, Gott dagegen als Tyrann mit Groll gegen seine eigene menschliche Schöpfung. Und irrsinnigerweise verlangen die moralisierenden Religionen, daß wir dem Tyrannengott dienen und die Gegner seiner Tyrannei als böse verachten sollen, jene, welche der Menschheit helfen, sich von Sklaverei, Ignoranz und Furcht zu befreien.

Die griechische Legende erzählt von Zeus, dem Tyrannengott, der wie der judenchristliche Jehova versucht, die Menschheit in Sklaverei zu halten. Es war Prometheus, der Zeus herausforderte, wie Satan Jehova herausforderte, und den Menschen das Geschenk des Wissens machte. Prometheus stahl Feuer von Zeus und brachte es zur Erde zusammen mit anderen Arten verborgenen Wissens, von dem der Gott nicht wollte, daß es die Menschen besitzen. Dafür wurde Prometheus wie Satan gefangen und gequält. Interessant ist, daß Prometheus auf griechisch „Vorbedacht" bedeutet. Später haben griechische Philosophen darüber spekuliert, ob das Feuer, das Prometheus den Menschen gab, die höheren intellektuellen Fähigkeiten waren.

In der Judeochristlichen Legende der Genesis ermutigt Satan die Menschheit, die Befehle des Tyrannengottes und die Frucht, vom Baum der Erkenntnis zu essen, zu mißachten . Satans Versprechen war, daß durch das Wissen die Menschheit über ihren primitiven Zustand hinauswachsen und wie Gott sein würde. Dieses Wissen trennt die Menschheit von Gott, macht sie unabhängig, frei von Gottsklaverei, welche auf Ignoranz und Furcht beruht. Das ist es, was die Christen „den Fall des Menschen" nennen – Satanisten nennen es „die Erhebung des Menschen".

Dies ist ein wenig vom Mythos des Satanismus, auf den moderne Satanisten heute ihre Philosophie aufbauen. Wir sind die Häretiker jedes Zeitalters, die menschliche Reflexion des kosmischen Gegenteils zur Stagnation. Unsere Vision ist das, was Satan der Menschheit gab, wie es in den Legenden steht, daß durch Wissen, Selbstbewußtheit und Selbstbehauptung die Menschheit ihr eigener Gott sein wird, ihr eigener Erlöser. Wir sind die Feinde und Ankläger aller Dogmen, die für soziale, biologische und kulturelle Stagnation und Zerfall stehen. Wir sind die Anwälte für all das, was die Menschen inspiriert, sich zu größeren Höhen des Seins aufzuschwingen, sich nach innen und außen zu entwickeln, größere Komplexität und Flexibilität zu erlangen.

Sokrates sprach bereits einen der gefährlichsten Sätze aus, die für uns von Bedeutung sind: „Das Ziel des Lebens ist Selbsterkenntnis."

Aber: Individuelles Denken ist die Erbsünde des Judeochristlich-islamischen Denkens. Individuelles Denken sabotiert den Anspruch der Autoritäten, das Chaos zu ordnen.

Lassen wir einmal den ehrwürdigen Professor Dr. Timothy Leary zu Wort kommen. Er schreibt in einem Aufsatz „The Evolution of human cultures" (März 1994): „Die erste Aufgabe jedes „Law and Order"-Systems ist es, das gefährliche Konzept vom Selbst, von individuellen Zielen und Wissen über die eigene Persönlichkeit zu trivialisieren und zu dämonisieren. Für sich selber denken ist trivial, verrückt, häretisch, blasphemisch, verräterisch. Nur der Teufel und Satan tun es. Kreatives Denken, wenn man es zu sehr betont, wird zum Kapitalverbrechen. Es war „Ene mene muh und raus bist du" für mehrere 100.000 Protestanten, die ausstiegen, während der Inquisition der römischen Päpste. Auch nicht zu vergessen die Hexenverbrennungen der Protestanten, als sie die Kontrolle über das „Chaos Control Departement" übernahmen."

Wer ist heute dran?

Ich habe die alten Ideen, auf denen der Satanismus aufbaut, anekdotenhaft aufgezeigt. Aber diese Konzepte von Dualismus und Kampf sind heute viel zu starr und entsprechen nicht mehr der Komplexität unseres Daseins. Umfassendere Theorien sind zum Beispiel die Chaostheorie. „Chaos" ist die extrem komplexe, unvorhersagbare Unordnung, die Basisnatur des Uni(Multi)versums. Sie ist geheimnisvoll, verwirrend, großartig, voller Möglichkeiten und Potential. Die Chaostheorie erlaubt uns, unsere Ausgangsbasis zu verfeinern. Unsere Aufgabe ist es, die erleuchtete Natur des ganzen Universums anzuerkennen, zu genießen und zu feiern und uns zu entwickeln. Damit eingeschlossen sind auch die Paradoxa, die dabei in unserem Verstand entstehen.

Leary schreibt dazu: „Humanismus ermutigt uns, uns mit anderen zusammenzutun, um unsere persönliche Version des Chaos zu designen."

Für uns sind solche Philosophen „satanistisch", die den Willen des Einzelnen erheben und weniger daran denken, sich durch eine Wiedervereinigung mit Gott in ihrem rationalen Wesen essentieller Individualität aufzulösen, also so in Gott aufzugehen, daß sie als separate Existenz aufhören zu sein.

Wir sind der Ansicht, daß das psychozentrische Bewußtsein sich zu seiner eigenen Göttlichkeit durch befreiende Übungen der Intelligenz und des Willens entwickeln kann. Der „Temple of Set" nennt das „Coming into being" (ins Dasein gelangen), und man weiß sich in der Nachfolge Nietzsches. Folgerichtig ist auch die „Anbetung Sets" eine Pflege des Individualismus. Entscheidend ist das Konzept des Willens. Der Wille ist ein „nicht natürliches Phänomen", welches dem natürlichen Universum fremd und nicht gänzlich seinen Gesetzen unterworfen ist. Mit Hilfe des Willens können wir deshalb unser Werden und das Werden des Universums beeinflussen.

Ziel setianischer und satanischer Philosophie ist also nicht die Anbetung eines Gottes Set oder Satan, sondern die Meisterung des eigenen subjektiven Universums durch ein Individuum, die Schöpfung eines ungeteilten Wesens von göttlichem Zustand.

Das Spiel mit dem Feuer – Äußere und innere Alchimie

Feuer der Verwandlung

Schon bevor Chemie und Alchimie sich in eine öffentliche und eine okkulte Wissenschaft aufspalteten, als sie noch beide „Alchimie" hießen, spielten ihre Forscher mit dem Feuer. Sie wollten damit nicht nur – in ihren Kolben und Reagenzgläsern – äußere Stoffe transformieren, sondern ihre eigene Seele.

Die Geburtsstunde der Alchimie liegt im Dunkel der Vergangenheit. Sicher ist, daß sie über den islamischen Orient im Mittelalter ins christliche Europa kam: „Alchimie", auch „alchimia" geschrieben, ist aus dem Arabischen übernommen, wie man an dem arabischen Artikel „Al" erkennt. Woher aber die Wortwurzel „Chemie" oder „Chimie" stammt, aus der dann auch die spätere empirische „Chemie" der Neuzeit wurde, darüber sind sich die Historiker uneins. Einige sehen die Wurzel im ägyptischen „khemie", schwarze Erde, das die reiche Schwemmerde bezeichnet, die der Nil bei seinen jährlichen Überschwemmungen nach Ägypten führt. Der hellenistische Literat Plutarch (um 100 nach der Zeitenwende) jedenfalls nennt die Alchemie *„eine ägyptische Kunst"*.

Die Theorie dieser okkulten Wissenschaft besagt, kurz ausgedrückt, daß allen Elementen und Erscheinungen der Natur eine *„prima materia"* zugrunde liegt, eine Urmaterie, aus der alles andere zusammengesetzt ist. Der *lapis philosophorum* („Stein der Weisen") war das gesuchte Zaubermittel, das jedes Ding in jedes andere verwandeln können sollte, da ja letztlich alles aus ein und demselben Urstoff bestand. Für die Materialisten bedeutete diese Verwandlungsmöglichkeit speziell, daß die Umwandlung eines niederen Metalls, wie etwa Blei, in Gold möglich sein mußte. Anderen ging es mehr um das Erreichen eines langen Lebens (durch sogenannte „Elixiere") oder völliger Gesundheit, etwa durch das *„Alkahest"*, eine Art Universaltinktur. Die gesamte alchimistische Literatur ist jedoch durchsetzt mit esoterischen Symbolen und Ausdrücken, so daß sich der Gedanke aufdrängt, ihren Urhebern ginge es eher darum, damit allgemeingültige Weisheiten und innere Prozesse allegorisch zu beschreiben.

Offenbar versuchten diese Alchimisten bei ihren Experimenten nicht nur, minderwertiges Blei in hochwertiges Gold zu verwandeln, sondern auch die „niederen Elemente" des menschlichen Charakters in „edle Tugenden" zu transformieren. Im weiteren Sinne kann man Alchimie demnach verstehen als die Lehre von der Wandlung im Sinne einer Aufwärtswandlung oder Läuterung. So wie sich in der Retorte aus dem „Niederen" das „Höhere" entwickelt, so sollte sich auch die Seele des Alchimisten läutern. Und man wußte oder vermutete, daß solche Wandlungen und Verwandlungen erst bei ausreichender Temperatur geschehen, wie sie etwa auf dem Athanor erzielt wurden, dem Ofen der Alchimisten.

Manche bezeichneten ihre Suche auch als Suche nach der *„Quinta essentia"* , dem fünften Element nach den aus der Antike übernommenen vier Grundelementen Feuer, Wasser, Luft und Erde. Ebenso wie der gesuchte Stein der Weisen sollte dieses fünfte Element jegliche Umwandlung erlauben. Es sollte aus einem unedlen chaotischen Ausgangsstoff durch Zuführung von Energie in Form von Feuer den höchsten und feinsten Stoff schaffen.

Die Kirche bewacht ihr Monopol.

Viele der Alchimisten blieben jedoch in rein chemischen Problemen hängen. Daß dies so war, lag nicht zuletzt an der heiligen römisch-katholischen Kirche. Gegen das „Goldmachen" hatte sie nichts einzuwenden. Alchimisten, die sich darauf beschränkten, hat die Kirche nie verfolgt. Sie hat nie einem katholischen Fürsten verboten, sich zu diesem Zweck einen Adepten der Alchimie am Hof zu halten und zu unterstützen. Selbst Erzbischöfe gingen unbehelligt ihren diesbezüglichen Studien nach. Sogar Thomas von Aquin, einer der „Chefideologen" des katholischen Mittelalters, hat eine Abhandlung über den „Stein der Weisen" veröffentlicht.

Doch man durfte nicht in ihr Revier einbrechen. Aus „Tiermenschen" „Goldmenschen" zu machen, wie Gustav Meyrink (1868-1932), ein Alchimist der Moderne es nannte, lang nach der Trennung von Alchimie und empirischer Chemie im 17. Jahrhundert, das betrachtete die Kirche als ihre Domäne, über die sie eifersüchtig wachte.

Für Paracelsus (1493-1541), den vielleicht letzten großen Alchimisten vor dieser Trennung, der zugleich als Begründer der modernen empirischen Chemie, Pharmazie und Medizin gilt, war der „Stein der Weisen" vor allem als Universalmedizin wichtig. Und wenn er von Sal (Salz), Sulphur (Schwefel) und Merkurius (Quecksilber) redete, so meinte er damit weniger Salz, Schwefel und Quecksilber im materiellen Sinn, sondern sah in ihnen eher das physische Abbild des Auflösbaren (Sal), Brennbaren (Sulphur) und Flüssigen (Merkurius), aus dem alle Dinge, auch die Mineralien, entstehen.

Lichte Geheimnisse in dunkler Sprache

Die Alchimie redet also nicht in einer im heutigen Sinne wissenschaftlichen, sondern in einer symbolischen und allegorischen Sprache. Den mittelalterlichen Adepten, den Eingeweihten dieser Kunst (sie nannten sie „die Kunst") war diese Sprache gerade recht. Sie verdunkelten sie sogar noch künstlich, zum Schutze vor Unwürdigen und der Kirche. Nur die, die willens waren, sich in ihre Schriften um der metaphysischen Probleme willen zu vertiefen, sollten ihre Sprache verstehen lernen und eingeweiht werden.

Viele der Adepten wurden durch das Studium der Alchimie zu Vätern der Chemie, aber vor allem auch zu Meistern der Seelenverwandlung. Paracelsus würde hier bestimmt dem Alchimisten Alipili zustimmen, wenn er sagt: *„Die höchste Weisheit für* *den Menschen ist die, sich selbst zu erkennen, denn in ihn hat Gott sein ewiges Wort gelegt... Wer in die Tiefen der Natur eindringen will, lerne zuerst wissen, was er selbst sei, ohne in fremden Materien außerhalb seiner zu suchen: Durch die göttliche Kraft, die in ihm liegt, heile er sich vor allem selbst und transmutiere seine Seele. Oh, Mensch, erkenne dich selbst, in dir ist verborgen der Schatz aller Schätze!"*

Für den Benediktinermönch Basilius Valentinus, einen gefeierten Alchimisten, war die Alchimie die Erforschung jener natürlichen Geheimnisse, durch die Gott die ewigen Dinge in Dunkel gehüllt hat. Jakob Böhme betrachtete den „Stein der Weisen" als Geist Christi, der die Seele durchdringt.

Das magische Feuer

Wichtig für das Werk der Alchimisten und Hermetiker (sich auf den Ägypter Hermes Trismegistos berufende Alchimisten) ist das Feuer. *„Ohne das Feuer bleibt die Materie ohne Nutzen, und der philosophische Merkur ist ein Wahngebilde, das nur in der Einbildung existiert. Vom Regime des Feuers hängt alles ab"* (Filium Ariadne 75).

Hiermit ist nicht das physische Feuer gemeint, sondern ein magisches Feuer, ein inneres, subtiles und verborgenes Feuer. *„Das Werk geschieht weder mit dem (gemeinen) Feuer noch mit den Händen, sondern allein mit der inneren Hitze"* (Pennety, Did. 397 Fables/125). Also mit einer einhüllenden Fieberhitze, wie die *„Turba Philosophorum"* demjenigen enthüllt, der versteht. Für die hermetischen Philosophen gibt es verschiedene Feuer, die sich in ihrem transformativen Werk vereinigen müssen, so daß das eine das andere unterstützt. Die hauptsächliche Unterscheidung liegt für sie zwischen dem natürlichen Feuer und dem Feuer gegen die Natur. Es bezieht sich auf jenen Aspekt *„des einigen Dings"*, auf dessen Grund es *„Natur ist, die sich überwindet"*, die *„sich selbst tötet"* und somit fähig ist, gegen die bestehende Bedingtheit seines Wesens anzukämpfen. Dabei muß eine bestimmte Disziplin umherirrende Naturen zurückhalten. Danach vereinigen sich die beiden Feuer, das vom Willen des Alchimisten gelenkte und jenes, welches die uranfänglichen Fixierungen hervorruft.

Chinesische Alchimie: Suche nach der Unsterblichkeit

Das „Feuer" ist auch für die vom Taoismus beeinflußten chinesischen Alchimisten von Bedeutung. Ihr Hauptstreben galt der Unsterblichkeit. Sie glaubten, mit einer bestimmten geistigen Technik innerhalb des eigenen Körpers einen embryonalen Samen zu produzieren, der unsterblich ist. Die erste Stufe ihrer inneren Alchimie bestand darin, das „innere Feuer" zu entzünden. Dies geschah durch bestimmte Atemtechniken, welche Druck auf die Sexualkraft ausüben sollten. Diese Sexualkraft saß an der Basis des Rückgrates in einem psychischen Zentrum, Kruzibel genannt. Diese Sexualkraft, *„Ching"* genannt, stieg nun durch die Wirbelsäule zum Scheitel auf und wieder hinab. Dies wurde so oft wiederholt, bis der Adept die Kraft für rein genug hielt, um sie in eine höhere Energieform verwandeln zu können. Sie wurde dann zum zweiten Kruzibel (am Solar Plexus) getrieben., wo sie sich mit der höheren Energie *„chi'i"* verband. Die so vereinigten Kräfte bewegten sich nun hinauf zum Kopf und wieder zurück, bis sie ebenfalls ein hinlänglich reines Stadium erreichten, um sich mit *„shen"*, der geistigen Kraft im oberen Kruzibel zu verbinden. Diese drei nun vereinigten Kräfte stiegen dann im Körper auf und ab, bis sie so rein waren, daß sie die Einheit mit den Kräften des Universums erreichten.

In diesem Augenblick wurde der göttliche Embryo empfangen, und eine göttliche Ambrosia floß dem Adepten wie Speichel in den Mund. Durch besondere Konzentration und Atemtechnik genährt, wuchs der Embryo, bis er die Reife erreicht hatte. Dann stieg er zum Scheitel des Kopfes hinauf, und der Alchimist, der seine Aufmerksamkeit nach innen wandte, nahm das Licht wahr, das von ihm ausging. Jetzt, glaubte er, war die Unsterblichkeit erreicht. Der Embryo wurde in den Bauch gesandt. Der Alchimist hatte seine Aufgabe erfüllt.

Tantrische Alchimie

Die Parallelen dieser Art taoistischer Alchimie mit dem Tantra sind offensichtlich. Ideen dieser sexuellen Alchimie gelangten zu zwei der bedeutendsten Geheimgesellschaften des 19. Jahrhunderts, den *„Order of the Golden Dawn"* und den O.T.O. (Orientalischer Tempelorden). Die beiden englischen Ärzte Dr. W. Woodmann (1828-1891) und Dr. Wynn Westcott (1848-1925), die mit Samuel Liddel Mathers (1854-1918) den *„Hermetic Order of the Golden Dawn"* begründeten, waren sehr an Alchimie interessiert. Dr. Westcott war von den Ideen E. A. Hitchkocks beeinflußt, der glaubte, den Schlüssel zu den hermetischen Meistern gefunden zu haben: *„Der Gegenstand ist der Mensch... das Werk der* Alchimisten*war eines der Kontemplation und kein Handwerk. Ihr Destillierapparat, Ofen, Kolben und Retorte, Philosophisches Ei... in welchem der Vorgang der Fermentation, Destillation, Extraktion von Essenzen und Geistern und die Bereitung von Salzen stattgefunden haben soll, war der Mensch."*

Noch deutlicher wird diese Auffassung bei einem anderen Mitglied des *„Golden Dawn"*, Ithell Colquhoun. Für sie ist der Destillierkolben der Uterus und das Bad der Venus die Vagina. *„Mäßiges Feuer"* verweise auf die sexuelle Wärme des Körpers und *„aquae vitae"* auf weibliche Sekrete.

Eine noch direkter auf die östliche Mystik bezogene Alchimie brachte der Mitbegründer des O.T.O., Karl Kellner (gest. 1905) aus Indien mit. Der höchste Grad dieses Ordens war die sexuelle Vereinigung tantrischer Alchimisten. Die Mitglieder behaupteten, daß die sexuelle Magie der Schlüssel zu allen Geheimnissen des Universums und zu all der Symbolik sei, die je von Geheimgesellschaften und Religionen verwandt worden war. Im O.T.O. wurde die westliche traditionelle Alchimie sexuell interpretiert und in Rituale umgesetzt.

Der Athanor, der Ofen der Alchimisten, symbolisiert den Phallus. Die Schlange oder das Blut des roten Löwen ist der Same. Der Kürbis bedeutet die Vagina, und die geheimnisvolle *„prima materia"* der Alchimisten, das sind vaginale Sekrete, vermischt mit Samen. Ein anderes Gründungsmitglied, der Theosoph Dr. Franz Hartmann (1838-1912), betrachtete die niederen Metalle, die in der Alchimie verwandt wurden, als die animalischen Triebkräfte in der Natur des Menschen, die in reine Geistigkeit oder das wahre Gold der Alchimisten umgewandelt werden konnten.

Sexuelle Deutungen im 20. Jahrhundert

Ein weiterer Interpret alchimistischer Symbole war der Psychologe und Freud-Schüler C. G. Jung (1875-1961). Für ihn waren ihre Symbole Schlüssel zu unserer wahren Natur. So interpretierte er zum Beispiel das in der Alchimie häufig gebrauchte Bild des Hermaphroditen als die weibliche Seite im Wesen des Mannes und als die männliche Seite im Wesen der Frau. Seiner Ansicht nach müssen beide Seiten anerkannt anstatt unterdrückt werden. In Jungs Vorstellung von dem vollständigen Selbst sind alle bewußten und unbewußten Kräfte der menschlichen Natur miteinander versöhnt. Im Stein der Weisen sah er das Ideal der Versöhnung von Gegensätzen, die zu einer weit größeren Kraft führen kann als die bloße Addition zweier Kräfte.

Dies deckt sich mit der Vorstellung der früheren Alchimisten. Ihrer Ansicht nach bestand der Stein der Weisen aus Wasser und Feuer, dem Männlichen und dem Weiblichen. Er war ein Stein und doch kein Stein. Er symbolisiert die Vermählung des Königs und der Königin, der Sonne und des Mondes und der schönen weißen Frau mit dem rötlichen Mann.

Der Stein der Weisen wurde auch in Begriffen des Inzests zwischen Bruder und Schwester, zwischen Mutter und Sohn betrachtet. Diese Auffassung wurde von dem deutschen Psychologen Herbert Silberer übernommen. 1917 untersuchte er in seinem Buch *Die verborgene Symbolik der Alchimie* eine Vision des alchimistischen Schriftstellers Zosimus, die am Schluß in viel Blut und einer Opferung unterging.

Dieser Traum wurde allgemein als Symbolisierung der verschiedenen Stadien der Verwandlung von niederen Metallen in Gold angesehen. Silberer betrachtet diesen Traum jedoch in Begriffen sexueller Symbolik. Für ihn ist die alchimistische Suche die lebenslange Buße des Sohnes für das Bedürfnis seiner Kindheit, seinen Vater zu kastrieren und ihn im Bett seiner Mutter zu vertreten.

Die Suche nach dem inneren Gold

Die Alchimie repräsentiert die lebenslange Suche des Menschen nach einem Schlüssel zum Verständnis des Universums und seiner selbst. Der Weg des Alchimisten ist jeweils bestimmt von seinem kulturellen Umfeld. Im Osten mit seiner Tradition von Yoga und Meditation entwickelte sich ein System innerer sexueller Alchimie. Im Westen dagegen galt die Vorstellung der mittelalterlichen Alchimisten von der Transmutation niederer Metalle in Gold mit Hilfe des Steins der Weisen. Die westlichen Menschen des 20. Jahrhunderts sind bisher eher an einer Interpretation der alchimistischen Symbolik als Archetypen oder als Verschlüsselung sexueller Prozesse interessiert.

Worin die eigentliche Leistung seiner Kunst und Wissenschaft besteht, hat schon der Alchimist Francis Bacon (1561-1626) im folgenden Vergleich zusammenzufassen versucht: „*Man kann die Alchimie vielleicht mit dem Mann vergleichen, der seinen Söhnen erzählte, er habe irgendwo in seinem Garten vergrabenes Gold hinterlassen, wo sie jedoch beim Graben kein Gold fanden, aber durch das Auflockern des Erdreiches an den Wurzeln der Weinstöcke eine reiche Ernte gewährleisteten. In gleicher Weise haben die Bemühungen und Versuche, Gold zu machen, viele nützliche Erfindungen und lehrreiche Experimente zutage gefördert.*"

Nützlich und lehrreich? – Das klingt für einen Alchimisten geradezu ernüchternd. Die Suche nach dem Gold hat neben der äußeren Hitze in vielen jedenfalls auch eine innere Hitze erzeugt, erst recht, wenn sie das Äußere mit dem Inneren zu verbinden wußten, wie Hermes Trismegistos es lehrt. Und sie erkannten, daß das innere Feuer viel größere Chancen hatte, Gold zu erzeugen, als das äußere – und ein viel wertvolleres Gold.

Gedanken zum Werden

Sets Geschenk an die Welt, die „Dark Flame“ , die wirkliche „Essenz“ unseres Seins, brennt in jedem von uns als Aspekt der „sich selbst bewußten Bewußtheit“ und kommt (soweit wir das wissen) so nur im Menschen vor. Wir sind Magier der Erde und verleihen unserer Vision Gestalt. Wir wollen die Erde nicht fliehen, sie ist für uns nicht ein böser Traum – „Maya“ -, im Gegenteil, sie ist der Spielplatz für unsere sich entfaltende „Essenz“, sie ist für uns die einzigartige Basis, um uns selbst, die Menschheit und den Planeten zu erweitertem Bewußtsein zu bringen – eine Gelegenheit ohnegleichen, bereit, genutzt zu werden.

Das erste Auftauchen der „Dark Flame“ nennen wir Set, da er als erster aus dieser Kraftquelle die grenzenlose Energie schöpfte, immer neue Facetten des Seins zu erkennen und aufzusplittern für sein eigenes Wachsen und Werden. Es liegt an jedem einzelnen von uns, diese uns eigene Energie zu erschließen, unsere „Dark Flame“ zum Lodern zu bringen; denn jede neue Erkenntnis ist unvollständig, bis sie in einem Individuum lebendige Wirklichkeit geworden ist.

Nutzen wir also unsere Intelligenz, unsere Kreativität, um alle uns zur Verfügung stehenden Mittel so einzusetzen, daß sie der Verwirklichung unserer eigenen Vision dienen. Dies ist zugleich der Maßstab, der bei ihrer Auswahl anzulegen ist, denn egal, wo wir diese Mittel entlehnen, welcher Tradition auch immer sie entstammen mögen, einzig ausschlaggebend ist lediglich, daß sie uns weiterbringen bei der Verwirklichung unserer Vision, daß sie ein adäquates Werkzeug sind, unseren Traum Wirklichkeit werden zu lassen.

Wir brauchen nur Verlangen und Absicht. Absicht heißt: eine klare Vorstellung deines Wahren Willens und eine Zielformulierung für die Dinge, die du anvisierst zu haben – dann überlege dir im Rahmen all deiner Fähigkeiten und Möglichkeiten eine Strategie zu ihrer Realisierung. Nur das Bedürfnis zu haben, etwas zu verändern, genügt nicht; du mußt auch die Kraft und den Willen haben, bis zur Erreichung des Ziels durchzuhalten.

Um uns zu verändern und wachsen zu können, müssen wir an die Wurzeln unseres Lebendigseins, unserer Existenz gehen, denn nur dort können wir die Kraft zum Werden finden und uns erschließen; dort liegen die Wurzeln unseres Daseinsgefühls. Diesen Zustand, der alle Vorstellungen von uns selbst übersteigt, können wir z.B. in der Meditation aufsuchen.

Wichtig ist dabei deine Absicht, die du mit der Meditation verbindest, denn ohne Zweifel läßt sie sich einsetzen, um „paradiesische“ Zustände, kurzfristige „ekstatische“ Phänomene bar jeglichen Bezugs zu deiner Realität zu erschaffen. Es liegt an dir, ob du in Tagträumereien mehr und mehr suchthaft deiner Realität entfliehst, oder ob du sie nutzt, um dich mit der dunklen Quelle deiner Kraft zu verbinden, um hier und jetzt dein eigenes Paradies zu kreieren. Wenn das Paradies ein Geisteszustand ist, hat der Mensch die Möglichkeit, ihn immer und überall auf Erden zu erreichen, um aus dem Kelch der Fülle das Wasser des Lebens für das Werden seines Daseins zu schöpfen, doch nicht den Trank des Vergessens und den Tod in den Fluten. Wir wollen in der Meditation nicht wieder mit dem Urgrund des Seins verschmelzen – unsere Aufgabe kann es nicht sein, jetzt schon wieder in den Mutterschoß der Existenz zurückzukriechen.

Wir sind so wie die Bäume, mit unseren Wurzeln in den dunklen Tiefen der Erde, ragen wir mit unseren Ästen in den Himmel.

Ob wir Blüten und Früchte tragen, unsere Funktion als Baum erfüllen, oder uns ein neues Lebenskleid erschaffen, hängt an uns, denn mit dem Geschenk Sets verfügt der Mensch über die Kraft der Selbstevolution, er ist fähig, sich über die natürlichen Gegebenheiten zu erheben und sich in den neu geschaffenen Raum hinein immer weiter zu entwickeln. Meditation als Kraftquelle zu nutzen, um die „Dark Flame" zum Lodern zu bringen, ist also eine Sache der Intelligenz; aus ihr schöpfen wir Kraft für unsere fortlaufende Selbstgestaltung.

Meditation schafft einen Pol der Ruhe, der unserem Bewußtsein die Möglichkeit gibt, seine Wahrnehmungen als solche zu erkennen, sie einzuordnen und ihnen damit den ihnen gemäßen Platz anzuweisen. Sie gibt uns Distanz, damit wir uns nicht mit unseren Wahrnehmungen identifizieren und uns an die Dinge verlieren.

Wir gelangen damit hinter die Dinge, werden zur Bewußtheit, die wahrnimmt – in den Tiefen unseres Selbst mit seinen Dunkelheiten liegt das Tor zu neuen Möglichkeiten. Wir müssen in der Meditation die Etiketten, die wir unseren Gedanken und Gefühlen geben, entfernen und einen Raum des „Nichtwissens" schaffen, um Offenheit für neue Deutungen zu bekommen. Nicht im Wiederkäuen vertrauter Muster und Einstellungen, sondern im kreativen Sprung in neue unbekannte und unerforschte Regionen unseres Seins nehmen wir unsere potentielle Göttlichkeit in Anspruch, hier werden wir zum wirklichen Schöpfer neuer Realitäten und Dimensionen des Seins.

Erleuchtung bedeutet einfach, hinter die eingrenzenden Wände, die die uns bekannte Wirklichkeit definieren, zu treten. Das Leben selbst ist unser „Buch der Offenbarungen" und wird für uns zum Yoga der Möglichkeiten. Wir sind eine raumzeitliche Verkörperung, die ihre Wurzeln in einer anderen Dimension hat, bzw. hinter allen Dimensionen.

Diesen Inkarnationsprozeß in „Raum-Zeit" und in andere Dimensionen nennen wir „Xeper", Ins Dasein Gelangen. Unsere Wurzeln liegen in der Dimension des zeitlosen Seins, aus dieser Quelle nehmen wir unsere Energie zur selbst-bewußten Ausbreitung der „Dark Flame" in „Raum-Zeit" und darüber hinaus. Die „Dark Flame" ist die sich selbst bewußte Ausprägung des zeitlosen Seins in konkreter individualisierter Form.

Jeder Augenblick ist das Tor zu ungeahnten Möglichkeiten.

Wir versuchen das „Unmögliche" als „Möglichkeit" zu entwerfen und ins Dasein zu bringen. Wir müssen dabei mit unseren Phantasien über die „Realität" brechen, unseren Illusionen über die Wesen und Dinge.

Vonnöten ist dazu die körperliche und geistige Fähigkeit, mit dem fertig zu werden, womit du konfrontiert wirst. Wenn bereits zu Beginn körperliche und emotionale Sicherungen durchbrennen oder dein Nervensystem mit Fehlzündungen und anschließendem Kurzschluß reagiert, ist dies ein deutlicher Hinweis auf versäumte Basisarbeit; dies wäre z.B. eine Therapie bei emotionalen Störungen oder neurotischen Strukturen, aber auch Körperarbeit, Hathayoga und Pranayama.

Unser natürliches, gewöhnliches Leben ist unsere Retorte, hier beginnt unsere Wandlung vom unbewußten Tiermenschen zum sich seiner selbst bewußten Gottmenschen. Wir sind dabei, unser wirkliches Mensch-Sein zu erfüllen, wir werden es, wenn wir beginnen zu handeln statt reflexartig zu reagieren.

Das „Ego“ muß zum „Selbst“ werden durch die Hitze der „Dark Flame“. So sammeln wir unsere kleinen „Ichs“ in einem Zentrum, wir bündeln sie unter Kontrolle der „Dark Flame“, so daß sie keine verschiedenen Ziele mehr verfolgen – das Selbst, verwurzelt in der dunklen Quelle seiner Existenz, entwirft sich in seiner Einzigartigkeit als Stern auf seiner Bahn. Immer in Liebe unter Willen! Doch mitleidlose Liebe!

Nicht dem Urgrund verhaftet zu bleiben oder in ihm wieder aufgehen zu wollen führt uns zur Entwicklung des Selbst; wir müssen uns als individuellen Selbstausdruck des Bewußtseins ins Dasein entwerfen. Im Dasein sein heißt, sich seines „Seins“ und „So-Seins“ selbstbewußt zu sein. Unser Selbst kann sich nur durch die Trennung aus dem Urgrund entwickeln: „Wir sind geteilt um der Liebe willen“, sagt das Liber AL... Es geht um das Selbst, seine Anknüpfung an den Strom der Existenz und damit seine Weiterentwicklung und Inanspruchnahme seiner potentiellen Göttlichkeit.

Wer nur Überlebensprogramme des Ego abspult, „verwest“, er ist zwar „existent“, aber er „ist nicht da“. Das ist eines der Grundprobleme des rechten Pfades und fast aller Religionen. Sie wollen nicht „da sein“ und aus dem Quell der Existenz schöpfen, um Neues zu schaffen. Sie halten den Sündenfall, die Trennung für das Grundübel und die geschaffene Welt für böse, für „maya“, für teuflisch. Sie sehen nicht unsere einzigartige Möglichkeit, das Geschenk Sets: die Selbstbewußtheit, die Fähigkeit des Denkens, des Unterscheidens.

Formen, Strukturen, soziale Bezüge und das damit geschaffene Kommunikationsnetz geben der inneren Essenz einen geschützten Raum, um zu überleben. Doch der Irrsinn beginnt, wenn die Überlebensstrategien des Ego diese Aufgabe vergessen, sich verselbständigen und damit ohne Rücksicht auf Verluste weit über das Ziel hinausschießen. Sie spinnen ein immer dichteres Netz, wie ein Roboter, der außer Kontrolle geraten ist, und drohen die Flamme der menschlichen Bewußtheit seiner Selbst zu ersticken. Sie versuchen die totale Sicherheit zu konstruieren, unabhängig davon, ob dabei das, was es zu schützen gilt, auf der Strecke bleibt oder nicht. Je härter unser Panzer ist, umso mehr Lebenskraft stirbt, und damit erlischt irgendwann die „Dark Flame“.

Halte den Dialog an, gehe hinter die Dinge, meditiere! Totgeborene Sterne fallen ins Nichts, Unsagbare zurück...

Wir müssen in der Lage sein, mit dem, was wir erreichen und bekommen, etwas anfangen zu können, ja es erst einmal zu erkennen. Dazu brauchen wir Aufmerksamkeit. Aufmerksamkeit, um immer mehr zu erkennen, was ist, und was werden könnte. Aufmerksamkeit, um die Welle zu erkennen, die uns höher trägt, oder unterzugehen... Wir müssen Surfer werden, Surfer auf dem Meer des Chaos.

Wir müssen unser Ego und seine Überlebensstrukturen unter die Kontrolle unseres Selbst stellen, damit wir unserem Menschsein seine Individualität und Souveränität verleihen, seine Göttlichkeit, als Stern auf seiner Bahn durch Welten zunehmenden Bewußtseins. Nur in Zusammenarbeit mit den Kräften dieser Welt, der unser Körper angehört, können wir das Spiel unseres Selbstausdrucks über die Grenzen dieser Welt hinaustragen. Indem wir werden, bewußter werden, wird sich die „Existenz" bewußt, und diese Welt kommt ins Dasein, denn überall küßt Hadit Nuit und das lachende Kind zeigt uns den Weg. Das Zeitalter des Horus verlangt nach Selbständigkeit und nicht nach geistlosem Nachbeten halbverstandener und aus dem Kontext gerissener Glaubenssätze, wie es manche sogenannten Thelemiten tun.

Es gilt Kontexte zu schaffen, die uns neue Erfahrungen ermöglichen. Der höchste Schöpfungsakt ist es, Einzelne zu schaffen – das Individuum ist die Krönung der Evolution.

Heil dem Menschen!

Das ABC der Erleuchtung

Erleuchtung – dieses Wort bedeutet viele verschiedene Dinge für verschiedene Menschen. Es ruft Bilder von tiefer Meditation hervor, dem ultimativen Erwachen entgegen. Weißbärtige Männer in geschmückten Tempeln, erfüllt mit Schwaden von exotischem Räucherwerk, eingelullt von Sphärenmusik.

Doch dies ist Unfug. Erleuchtung ist von Persönlichkeit und Spiritualität so verschieden, wie es zwei Dinge nur sein können. Erleuchtung im Kontext dieses Essays bedeutet von „A“, wo du bist, nach „B“ zu kommen, wobei du denkst, daß du dort sein möchtest, in Begriffen deiner Fähigkeiten.

Alles das, was du bist, wenn du bei „A“ zu sein glaubst, ist Glaube. Insgesamt ist alles, was zwischen „A“ und „B“ steht, Glaube. An diesem Punkt immer noch zu glauben, bei „A“ zu sein, sind gemurmelte dunkle Flüche.

Hey, haß mich nicht, weil ich erleuchtet bin !?

Die Dichotomie des Verstandes ist eine Glaubensmaschine. Der Verstand empfängt einen Stimulus, überprüft seine Erscheinungsqualitäten und akzeptiert oder verwirft ihn. Dies verzögert die Berechnung seiner Wahrnehmung und Verarbeitung.

Existenz ist ein Akt des Glaubens. Aufhebung dieses Glaubens balanciert und verneint die chauvinistische Idee der Existenz. Diese Balance ist Erleuchtung.

Was ist das: Du sagst, du bist noch bei „A“, und ich sage: Unfug?

Lies weiter: Aufhebung des Glaubens ist gebunden an den Zustand oder besser Nicht-Zustand der Leere. Der Zustand der Leere lehrt uns, daß Konzepte der Realität, Wahrheit und Existenz ziemlich lächerlich sind. Mehr als das, das Nichtsein, das Leere ist, enthüllt uns, daß mentale Prozesse so begrenzt sind wie ihre Konzepte. Es ist ein Raum-Zeit-Mechanismus, begrenzt durch seine Funktionen.

Es ist begrenzt, bis es wahrnimmt, erlangt und versteht: „Leere“!

Glaube ist ein Anathema zur Erleuchtung. Glaube ist der Spiegel, in welchen du siehst, d.h. dich selbst erschaffst. „Du“ bist eine Schöpfung deiner eigenen Imagination und mentaler Prozesse, welche für die Illusion der Realität verantwortlich sind. Ohne Glaube wärst du immer konstant „leer“, es gäbe kein „du“: Keine idyllische Situation für dich (nicht, daß dich das dann noch interessieren würde, wenn du konstant leer wärst).

Ohne Erfahrung und Verstehen der Leere wärst du aber eingekerkert in diese Illusion. Der Erleuchtete ist also ein Nicht-Sein, das sich selbst beobachtet. Die Annahme und das Verstehen der Leere macht alle Systeme überflüssig. Religiöse, magische, okkulte et cetera, et cetera.... Ein System ist ein vom Glauben bestimmtes Tier – Vorsicht!

Die letztendliche Annahme ist so schmerzlich klar, sie erübrigt Erklärungen. Nein, der letzte Satz war kein Ausrutscher. Du glaubst das nur, weil du noch bei „A“ zu sein glaubst! Ha!

Wenn ein erleuchtetes Wesen Erleuchtung erklären sollte, würde es sagen: „Dort! Oh, du hast es gerade verpaßt!“

Wenn du keine geeignete Methode kennst, um die Leere zu erreichen, kannst du hochdosiertes LSD oder besser noch halluzinogene Pilze versuchen (du mußt wissen, was du tust). Wenn du danach noch lebendig und bei Verstand bist, hast du leider noch keinen Erfolg gehabt; ich würde mir dann ein Gewehr in den Tempel legen und den Abzug betätigen. – Dies ist eine sichere Feuermethode – aber beachte bitte, es kann unangenehme Folgen haben.

Egal, wenn du immer noch daran festhältst, du seiest bei „A", hoffe ich, daß dieses Essay deine Position etwas gelockert hat. Solltest du jemals bei „B" ankommen (lebendig), so laß es mich wissen, damit wir gemeinsam darüber lachen können. Du wirst dann vielleicht verstehen, daß in Bezug auf „A" Erleuchtung genauso ausgelassen wie entsetzlich ist.

„And if six turns out to be nine
I don´t mind, I don´t mind."

(Jimi Hendrix)

Erobere – Zerstöre – Schaffe

Die meisten Menschen fühlen sich krank, müde, unzufrieden. Warum? Weil es ihnen an einer Vision fehlt, weil sie diese Vision nicht in die Realität umsetzen können und weil sie nicht in der Lage sind, die psychischen Ketten der modernen Welt zu durchbrechen, die von Ideen geschmiedet werden.

Mir geht es nicht um eine untergeordnete Vision, sondern um eine grandiose: eine Vision, die nach Großartigkeit strebt, die wirklich macht, wovon andere träumen, vielleicht nur einmal in ihrem kleinkarierten Leben.

Ich meine eine innere Vision, welche einige Individuen antreibt und sie groß macht und sie der Erfüllung ihres göttlichen Potentials immer näher bringt, diesen inneren Dämon, der fordert, der einen weiter kämpfen läßt, wieder und wieder, der es nicht zuläßt, daß wir aufgeben, auch dann nicht, wenn wir dem Tod ins Angesicht sehen. Eroberer haben eine Vision, Künstler und Entdecker und Krieger. Es gibt heute ein Übermaß netter Individuen, die versuchen, ihre feigen Ideen Wirklichkeit werden zu lassen, ein Übermaß von netten Regeln und netten Regierungen und netten Beamten, die versuchen, die individuelle Psyche und den individuellen Geist zu beschränken, eine Übermaß an netten Ideen, die alle Individualisten auf ihrem niedrigsten Niveau halten wollen; sie nivellieren und züchten eine Plastik-Bastard-Rasse auf allen Ebenen, die nicht länger mehr nach Größe und Erfüllung ihres göttlichen Ideals strebt.

Was wir brauchen, sind Individuen mit einem großen und weiten Traum – die für die Verwirklichung ihrer Träume kämpfen und bereit sind, die Konsequenzen zu tragen. Also eine Art Wiederkehr des Eroberungsgeistes. Alles Große wurde aus einer inneren Vision heraus geboren. Und die größte Vision ist die der Eroberung von uns selbst, von anderen und von dem, was noch unbekannt ist.

Es gibt keine Grenzen außer denen, die uns unsere Schwäche setzt. Wir müssen wieder den Geist des Entdeckens und Eroberns beleben und gehen, wo noch niemand zuvor war, – unser eigenes Schicksal meistern, indem wir unserer Vision und unseren Instinkten folgen. Dies ist nicht leicht. Laßt die Mehrheit sich verzetteln in ihrem Bemühen um scheinbares Glück und materiellen Erfolg. Laßt sie Schutz suchen aneinander und in Ideen, Religionen – Individuen werden auf die harte Tour geboren, in der Mühe, einen Traum zu leben.

Eroberung und Entdeckung bringt Freude und erschafft etwas Einzigartiges, was mit nichts zu vergleichen ist, die Ekstase und Einzigartigkeit eines Gottes. Versuche ein Gott zu werden! – das ist die Antwort auf das uns umgebende Selbstmitleid und die Enge und Kleinheit dieser Menschen und ihrer sozialen Konstrukte und ihrem Hang, sich in einem Nebel von abstrakten Ideen zu verstecken, ihrer Suche nach Illusionen wie Glück und Sicherheit und dummen Ideen wie „Freiheit“ und „Gerechtigkeit“ in ihrer Welt.

Die einzige Freiheit ist die Freiheit zu träumen und die Freiheit, diesen Traum zu verwirklichen; die einzige Gerechtigkeit ist die in den Individuen, was sie fühlen. Natürlich haben die Schwachen und Feigen einen anderen Sinn für Gerechtigkeit als die Starken – sie nennen dies „Gesetz“ und füllen es mit ihren Göttern „Demokratie“ und „Gleichheit“, währenddessen nennen die Starken ihre Gerechtigkeit „Vergeltung“ und „Ehre“ – Wörter, die die Masse fürchtet und nicht versteht.

Nun, welche Träume sind heute stark genug für jene, die wie Götter sein wollen? Es gibt zwei davon, und sie sind miteinander verknüpft. Der erste ist die Zerstörung der Gebäude, die die Schwachen, die Feigen und die verwirrte Mehrheit errichtet haben, um sich von den Starken abzutrennen – von den Wenigen, die wagen, die herausfordern, die verachten, die ohne Furcht sind und sich selbst herausfordern. Die Zerstörung der Regierungen, Institutionen, überkommenen Formen, was auch immer, als der Auftakt zu einer neuen Schöpfung, als Vorspiel zur Eroberung einer auf dem Rücken liegenden Masse und der Welt. Doch dies alles kostet Nerven und läßt die Individuen zu Sklaven werden und ihre Träume versanden.

Für das Bestehen der Welt und der Menschen muß eine Elite neue Ideen und Ressourcen in die Welt bringen und sie den anderen zugänglich machen. So entsteht im Laufe der Zeit eine Evolution nach oben, und dies ist besser als die Zerstörungsspirale nach unten. Aber die Masse darf die Wenigen nicht begrenzen. Alles muß unter Umständen zerstört werden, anderes aufgebaut und vieles neu geschaffen werden. Wir müssen uns aus der psychischen Zwangsjacke unserer Umwelt und unserer anerzogenen Programme befreien und eine neue Welt kreieren. Dies kann nur der Mensch; er ist in der Lage, natürliche Programme zu ändern und neue zu schaffen.

Der zweite Traum ist die Eroberung des Alls, der Ausbruch aus der Enge unserer Welt, um neue Welten zu finden und zu erforschen. Eine einzigartige Herausforderung für den Menschen zu höheren Arten des Seins, dem Herausschieben von Grenzen, dem Schaffen einer neuen Spezies. Die Evolution ist nie zu Ende. Die Planeten, Sterne, Galaxien mit ihren Visionen, ihrem Reichtum, ihrer Fülle erwarten uns.

Es liegt an jedem von uns, ob wir sie erreichen. Wir können das Abenteuer beginnen oder uns in Belanglosigkeit verlieren. Wir können unser latentes Potential verwirklichen oder uns im Nichts verlieren, es liegt an uns.

Der erste Schritt ist, uns selbst zu ändern und stark zu werden in Geist und Psyche, Krieger zu werden im Handeln und in der Absicht.

Der zweite Schritt ist, unsere Umwelt zu verändern – die äußeren Formen; zerstören, was uns einengt, und erschaffen, was uns befreit.

Der dritte Schritt ist immer weiter zu gehen – dem Erfüllen unserer inneren Vision entgegen, in dieser Welt und in anderen. Diejenigen, die sich nicht zum Handeln entschließen, haben sich selbst verworfen. Es ist an der Zeit, daß sich die Raupe entpuppt und zum freien Flug ansetzt. Der Himmel steht offen. Erstürmen wir ihn!

GEON oder Das Ende des Schweigens

Dieses Kapitel gibt das Wichtigste aus Band I der Edition GEON wieder. Die einzelnen Artikel entstanden innerhalb eines Zeitraums von zwei Jahren, die eine Phase ständigen Wandels waren und zum Teil von sich widersprechenden Kräften geprägt wurden. Niederzuschreiben und auszuformulieren, was zuvor nur in nächtelangen Gesprächen mündlich kommuniziert wurde, bedeutete eine akute Agonie der Unbeholfenheit und schieren Verzweiflung. Der Anspruch, die Intelligenzen des Kopfes, des Herzens und des Fleisches zu vereinen, um der Magick in ihrer Gänze gerecht zu werden, war der eigentliche Antrieb, das Schweigen darüber zu brechen, was wir über die zeitgenössische Magie wirklich dachten: daß sie ein billiger Mummenschanz von selbstgefälligen, verkopften kleinen Idioten ist, die sich mit drittklassigen Spielen ihr zweitklassiges Leben vertreiben, von dem sie vorgeben, sie seien an ihm wirklich interessiert. Um es kurz zu machen: das Schreiben dieser Artikel zerbrach mit jedem Wort meine eigene selbstherrliche Arroganz in tausend kleine Stücke, die ich erfolglos versuchte wieder zusammenzuflicken. So gesehen, war das Ende des Schweigens ein wirklich magischer Akt schmerzvoller Selbsttransformation. Die Wiedergabe der direkten kraftvollen Artikel von James Dewey Allee aus ***Brimstone*** *war daher ein therapeutischer Balsam, von dem ich sicher sagen kann, daß er wirkt.*

Was ist dran am Satan?

Trotz des dem Wesen des Satanismus eigenen radikalen Individualismus gibt es einige Punkte, über die unzweideutige Einigkeit besteht. Der erste Punkt ist die angeborene Göttlichkeit des Menschen. *„Jeder Mann und jede Frau ist ein Stern", „Es gibt keinen Gott außer dem Menschen."* (A. Crowley, Liber Oz).

Satan (Set-hen) selbst ist Vorbild für eine realisierte, selbstbestimmende Gottheit. Ganz gleich, ob Satan als tatsächliche Wesenheit oder als erstes Prinzip oder als zeitlose Intelligenz aufgefaßt wird: er ist Vorkämpfer, Freund und Lehrer. Keine angebetete, getätschelte Ersatzpuppe für gefallene Götzen!

Ein anderer Punkt trifft eine Kernaussage satanistischer Ethik: Might is right! „Mehr" ist besser als „weniger", „Besser" ist mehr als „schlechter". Jede Art gewollten Zugewinns ist wünschenswert. Mehr an Intelligenz, an Macht, an Freude, an Energie etc.; alles, was das Individuum als wohltuend oder notwendig für seine Existenz empfindet.

Die dem Herzen der Satanisten innewohnende Werdeformel heißt: Wachstum. Daher ist er ein stetiger Grenzgänger. Die Grenzen, die er in seinem subjektiven Universum entdeckt, bilden die Grundlage seiner Freuden und der Würde seines Lebens – denn sie ermöglichen ihm erst, seinen Willen zu manifestieren. Er ist ein Abenteurer, Eroberer des Unbekannten, ein Über-Lebender: ein Werdender.

Wer sich Satanist nennen will, kommt an dieser grundlegenden Konfession nicht vorbei. Aus diesen beiden Punkten resultiert eine zweite Eigenart des satanistischen Wesens: die bewußte Tat. Und damit die volle Eigenverantwortlichkeit des Einzelnen.

Wenn du einen Menschen kennenlernst, erzählt er dir meist zuerst, wie er über sein Leben denkt; dann, was er gerne tun würde, und listet schließlich alle Hindernisse auf, die ihm die Erfüllung seiner Wünsche verunmöglichen.

Der heutige, hoch zivilisierte Europäer leidet akut an Volantia-Sklerose, einer chronischen Schwächung seiner Willenskraft. Der ihm unterbreitete Vorschlag, seinen Willen doch einfach zu **tun**, läßt ihn aschfahl werden, zittern und treibt ihm den Angstschweiß aus den Poren. Doch hat er sich wieder ein wenig gefangen, fängt er an, um Mitleid und Verständnis zu winseln, und verliert schließlich alle Würde, indem er wahllos widersprüchliche, unlogische, hanebüchene Argumente zusammenbibbert, die seine – von ihm selbst als eigener Wille – geschilderte Sehnsucht auch noch als unmoralisch und asozial diagnostizieren. Auffallend ist auch, daß, obwohl die Ideale und Ziele der meisten – aus satanischer Perspektive – sehr tief gesteckt und durchaus erreichbar sind, der Großteil der Herde sich nicht einmal zur Verwirklichung solcher möglicher, realisierbarer Ziele aufraffen kann.

Die Furcht, die sie dazu drängte, keine hohen Ansprüche zu stellen, hat ihnen auch den Saft und den Willen geraubt, mehr als nur das Allernotwendigste zum Überleben ihres Organismus zu tun.

Die Grenzen sind das A und O im Leben eines Ungeteilten. Denn dort wird die Realität des Selbst, das Für-sich-Sein, die existentielle Freiheit und Einsamkeit ungeschminkt offenbar. Das Antlitz ist gräßlich wie der Hintern einer Ziege; wer sich feige umdreht und *„mit alten Süßen spielt“*, verpaßt nicht nur den Kuß der Priesterin. Er wirft auch den ersten Dreck auf das eigene Grab.

Göttlichkeit und Wachstum sind Richtlinien des Handelns. Sie bedeuten rein gar nichts, solange sie nicht gelebt werden. Das Erleben seiner Einzigartigkeit und die mutige Erforschung seiner Möglichkeiten machen den Satanisten erst zu etwas Einmaligem: zu einem Lebenden. Sein respektloses Spiel mit Grenzen, Tabus, Gefahren und Ängsten erfüllt ihn mit der uralten Energie der Lebensbejahung, die am stärksten dort strömt, wo das Selbst sich nicht versteckt, sondern sich in seiner Ganzheit und mit Selbstvertrauen auf die Grenzen seiner Identität zubewegt.

Die Tat ist also keine Bestätigung des Status quo, im Gegenteil: sie trägt den Charakter der Erstmaligkeit, ist eine aktive, gewollte Erforschung und Eroberung neuer Regionen. Sie bestätigt die Natur des Selbst als Werdendes, als ein Bewußtsein steigender Komplexität. Die dadurch erhöhte Flexibilität des Verhaltens ermöglicht erst echte Evolution.

Der Satanist ist sich selbst die stärkste Motivation. Er erhebt sich über sich selbst, er übertrifft sich selbst. Sein Ziel ist es, besser und mehr zu werden, als er schon ist. Und nicht die Befriedigung des aus Neid und Minderwertigkeitsgefühl gewachsenen Verlangens, die anderen zu übertreffen. Das Leben ist einfach zu kostbar für solch dumme Spielchen, die an sich eine Bestätigung des Gefangenseins in Beziehungsfallen und des Mangels an Autonomie sind.

Göttlichkeit, Werden und eigenverantwortliche Tat kennzeichnen so den Satanisten als einen Menschen, der entschlossen und intelligent einen Weg ohne Sicherheitsnetz über den Abgrund eigener Möglichkeiten gehend erschafft. Er folgt dem ersten Impuls des Lebens, der dynamischen Bejahung seiner Individualität. Er schürt die Schwarze Flamme – die Gabe Sets.

Eine solche Lebensweise ist es, die wir begrifflich als „Satanismus“ fassen. Eine praktische Lebensphilosophie für jene, die bereit sind, den Tod zu passieren und zu **leben**. Für jene, die gewillt sind, die Chancen und Freuden, die das menschliche Dasein bietet, am Schopfe zu fassen und den Rausch pulsierendes Blutes zu erleben. Für jene, die nicht ducken und dann klagen, sondern ihre Freiheit erkennen und akzeptieren und umsetzen. Für jene, die lieber ihrer eigenen Intelligenz als zudringlichen Glaubenssystemen folgen. Für jene, die die Wurzeln verlogener Moral aus sich herausreißen und selbstverantwortlich eigene ethische Standards entwickeln wollen. Für jene, die die Welt mit offenen Augen sehen und dem Alptraum totaler Zerstörung die Kraft eigener Visionen entgegenhalten. Für jene, die ihre Ideale und Wünsche noch verwirklichen wollen können. Für jene also, in denen das dunkle Feuer der Schwarzen Flamme brennt.

Satanismus ist kein blutleeres Scheingebäude, das von den Echos gelegentlicher Besuche widerhallt. Er tönt und rauscht im Gewölbe des Adepten – seinem Fleisch.

Er ist keine alternative Heilslehre für Willensschwache mit Vorliebe für Fledermaus-Romantik, auch keine Psychotherapie in staubbedeckten Kellerräumen – sondern ein Weg zu wahrer Selbsterkenntnis, zu wachsender Bewußtheit, der mit der „Integration des Schattens" noch lange nicht beendet ist.

Der Satanist hat das Einmalige seiner Individualität erfaßt, die Schwarze Flamme als höchstes Gut erkannt und damit der Trägheit des Universums den Kampf angesagt. Er hat sich für die Bewahrung und Höherentwicklung bewußten Lebens entschieden. Er ist ein Verbündeter der Zeitlosen Intelligenz, ein Freund Sets, dessen Willen in einem Wort Ausdruck findet: Xeper.

Bemerkungen zu Xeper

Die moderne satanistische Philosophie läßt sich in einem Wort zusammenfassen: *Xeper.*

Xeper (Werden oder *Ins Dasein Gelangen)* wird von Satanisten oft nur als kategorischer Imperativ „Werde!" verstanden, was ein Übersehen der Tatsache zur Folge hat, daß *Xeper* (als der Logos Aionos von Set) ein Absolutes ist. *Xeper* geschieht auch ohne Satanisten.

Xeper ist *Werden*, der unvermeidliche Wandel des Status quo der Dinge. *Xeper* offenbart die Energie des Bewußtseins unter der Herrschaft der Zeit. Das Ziel des Satanisten ist es, bewußt an *Xeper* teilzunehmen und willentlich sein *Werden* zu lenken. Tut er das nicht, wird er gelenkt.

Xeper ist die Befreiung des Bewußtseins aus seinen selbstgeschaffenen Fesseln, deren Erschaffung notwendig war, um zu einem individuellen, in sich existierenden, getrennten, einzigartigem Selbst-Bewußtsein zu gelangen.

Das Zeitalter des Set ruft diese Selbste auf, an der separaten Natur des Bewußtseins teilzunehmen, als autonome Willen die Trägheit der Alten Schöpfungen zu überwinden und auf diese Weise zur Vielfalt des Bewußtseins und zur Erhöhung und Beschleunigung der Intelligenz im evolutionären Prozeß beizutragen. Der Schwarze Magier identifiziert sich mit dem Willen Sets, und dieser Wille ist: ins Dasein zu gelangen.

Es ist dieses Selbst-Bewußtsein , das in der Lage ist, das Spiel der Götter zu spielen, ein Bewußtsein zu sein, das sich eigenständig aus seiner materiellen Verdichtung befreien und die dadurch freigesetzte Energie dazu verwenden kann, seinen eigenen Willen ins Dasein zu bringen, sein Subjektives Universum selbst zu erschaffen.

Xeper ist wertfrei, neutral. Jedes Selbst-Bewußtsein ist ein *Werden.* Doch die Ausrichtung des *Werdens* ist vom Willen abhängig. Wenn der Wille die Richtung des *Werdens* nicht bestimmt, dann wird das Bewußtsein unbestimmt.

Werden ist ohne Werte. Grün werden, rot werden, schwarz werden. Dumm werden, klug werden, stark werden, schwach werden. Alt werden, kalt werden, klein werden, groß werden. Lang werden, kurz werden, viel werden, wenig werden. Schlechter werden, besser werden. Magier werden, Papst werden, etc. Ist das jetzt deutlich genug? So, xeper yourself!

Xeper kennt also unendliche Möglichkeiten. Es ist weder möglich noch notwendig, daß der Magier, der sein *Werden* lenken will, alle Möglichkeiten kennt, die *Xeper* annehmen kann. Um so notwendiger ist es für ihn, zu wissen, was er werden (ins Dasein bringen) will. Die Richtung, in die der Magier sein *Werden* zu lenken trachtet, sollte sehr sorgfältig unter Berücksichtigung aller relevanten Elemente seiner Persönlichkeit bestimmt und so genau und eindeutig wie möglich definiert sein. Das Sein des Individuums verläuft auf vielen unterschiedlichen Ebenen, die (außer im Fall des *ipsissimus)* nicht vollkommen aufeinander abgestimmt sind. Veränderungen auf der einen Ebene können unerwartete Veränderungen auf anderen Ebenen auslösen, die der gewollten Richtung des Wandels zuwiderlaufen. Das Ergebnis könnte im Nachhinein eine Verschlechterung statt einer Verbesserung der Situation sein. Der Ökologie-Check ist ein enorm wichtiger Bestandteil jeder schwarzmagischen Arbeit und kein hastig und halbherzig zu erledigendes, lästiges Präludium einer solchen. Heißt es nicht: Vorsichtige Magier leben länger?

Xeper hat kein Ende. Der Magier muß regelmäßig und entschlossen seine Situation daraufhin überprüfen, ob der von ihm gewollte und manifestierte Wandel noch dem Willen seiner gesamten Existenz entspricht, die unentwegt im *Werden* ist. Daher muß er flexibel sein und mit offenen Konzepten arbeiten können.

Ein Magier des linken Pfades ist ein Werdender, Wachsender. Feste, geschlossene Systeme und Konzepte können nicht wachsen und deshalb nur eingeschränkte Teilfunktionen erfüllen. Deshalb ist *Xeper* ein offenes Konzept, ohne vorgezeichnetes Ziel.

So mag sich der Schwarze Magier in einer Situation wiederfinden, in der er seinen Willen adäquat auf den verschiedenen Ebenen seines Seins und in den passenden Richtungen seines *Werden*s manifestiert hat, daß eine tiefere Schicht sich in ihm zu rühren beginnt, ihn erschüttert und eine fundamentalere Ebene seiner Existenz danach verlangt, in sein Bewußtsein zu gelangen. Ein älterer, früherer Wille pocht ahnungsvoll an seine Tür und verlangt von dem Magier, noch komplexer, vielschichtiger und stärker zu werden, noch tiefer in das Wesen der Finsternis einzudringen. Und der Magier hat keine Wahl. Er kann nicht innehalten und sich seines mühsam erworbenen Status auf unbegrenzte Zeit erfreuen. Nein, plötzlich verstummen alle Stimmen und Klänge, alles Licht versinkt in schwarzer, dichter Dunkelheit, der Boden erzittert und bricht wütend zu einem lavaspeienden Krater auf, glühende Dämpfe entströmen dem grenzenlosen Abgrund, aus dem der Leibhaftige steigt, der den Magier belustigt anschaut, grinsend bis über seine spitzen Ohren, ihm mit seinem Dreizack einen kurzen, heftigen Stich in den Hintern verpaßt und sagt: „Hey Kleiner, nicht schlappmachen! Hast Du unseren Vertrag vergessen?“ Worauf er ihm das Papier unter die Nase hält, das den Verkauf der Seele des Magiers mit seiner Unterschrift bestätigt. Rollt es wieder ein und verschwindet in seiner schwefeligen Behausung, noch nachrufend: „Viel Spaß, mein Kleiner!“

Die Einweihung durch die Geheimen Unteren Clowns ist sicherlich nicht die einzige, doch von der Weisheit des Humors des Narren gelenkt. Auch wenn die Hosen vollgeschissen sind, denn steht nicht geschrieben: Vitriol macht Durchfall?

Womit du rechnen mußt: *Xeper* kann auch sehr erschöpfend sein.

Xeper

Selbstliebe – Selbstlose Liebe

Wer sich mit Magick Zugang zu den eigenen Möglichkeiten zu verschaffen sucht, erlebt früher oder später einige Überraschungen, die ihm/ihr mit Sicherheit große Schwierigkeiten bereiten werden. Was Niels Bohr über die Quantenmechanik sagte, trifft doppelt und dreifach auf Magick zu: wer sie wirklich verstanden hat, ist von ihr erschrocken. Der Vergleich mit der neuen Physik hinkt übrigens ein wenig, denn das Schwindelerregende, Bestürzende der Quantenphysik wurzelt rein im abstrakten, intellektuellen Verstehen der Vorgänge auf der subatomaren Ebene, während die Arbeit mit Magick eine Sensation aller Sinne, aller Seinsebenen der Menschen fordert und dadurch einen erfahrbaren Abgrund schafft, aus dem mehr strömen und in den man tiefer fallen kann, als im durch Denkgesetze geschützten Tollhaus des strapazierten Verstandes. Das unterscheidet sie auch von der Philosophie, die mutig ist und progressiv, wenn sie am Schreibtisch mit vielen Büchern und einer Kanne Kaffee Sonntagsspaziergänge im unverfänglichen Reich der Spekulation unternimmt.

Es kann nicht nachdrücklich genug betont werden, daß die Magick den ganzen Menschen zur Grundlage und zum Ziel hat und das gesamte Unternehmen des Magnum Opus zum Scheitern verurteilt ist, wenn irgendeine noch so kleine, doch notwendige Erfahrung ausgespart bleibt. Beschränkungen sind die wahren Sünden, und in der Magie des Linken Pfades erst recht. Magick ist hart, sie verlangt eine Menge an Mut und Ausdauer, immer mehr, als du zu Beginn erwartet hast.

Warum dann Magick?

Die großartige göttliche Natur des Menschen (oder mancher Menschen) scheint in einigen Individuen nicht völlig verschüttet zu sein von dem über Jahrtausende angehäuften Müll sogenannten menschlichen Fortschritts. Ein einziges Wort, ein Gedanke oder ein Blick können tief im Kern eines Menschen etwas zum Schwingen bringen, eine unverstandene Erinnerung wachrufen, deren Ruf unausweichlich ist. Wem die Schwarze Flamme in der Brust brennt, spürt seine Bestimmung selbst hinter den gestaltlosesten Ahnungen. Wer mit dieser Antwort etwas anfangen und mit ihr sympathisieren kann, weiß, daß er alles, wirklich alles auf dieser Erde und in seinem Leben verlieren kann außer seiner einzigartigen Sternhaftigkeit. Sein/ihr Leben ist ewiges Werden, Tanz auf dem Vulkan, eisige Einsamkeit und eine Hölle der Pracht.

Wer bei diesem Pathos nicht kotzen, sondern wissend schmunzeln muß, wird vielleicht mit diesen Grimassen aufhören, wenn er/sie erfährt, daß die gängigen und bisher gepflegten Vorstellungen von Liebe nur Täuschungen und nicht länger aufrechtzuerhalten sind; daß er/sie immer enttäuscht wird bei dem Versuch, den Schmelztopf selbstloser Liebe endlos am Kochen zu halten. Dies ist die eine Seite der Pforte der Hölle, auf der das Stigma deines Allein-Seins gebrannt ist, und wer diese Pforte passiert, muß den Schmerz der Erinnerung auf sich nehmen, daß niemals ein anderes Wesen die Raum-Zeit-Koordinaten geteilt hat, an denen er/sie jemals existierte. Und bedenke: Eine Rückfahrkarte gibt es nicht!

Die zivilisierten Kontinente sind überhäuft von Menschen, die durch ein Weniges an Wärme und Zuneigung angeregt werden, der Menschen- und Lebensfeindlichkeit ihrer Umgebung, deren Empfindung krampfhaft vermieden wird, dadurch zu entfliehen, daß sie ihren unterdrückten Träumen und Wünschen vollständig gestatten, die Realitäten ihrer Außen- und Innenwelt zu ignorieren. Diese Art der Selbst-Flucht ist die am häufigsten praktizierte und von den rechten Pfad-Ideologien am stärksten propagierte Methode, das Bewußtsein des eignen „Ich-bin" zu vernichten: Die Leugnung und Verdammung der Existenz eigener, individueller Werte, die Ausrottung jedes eigenständig entwickelten und bewahrten Selbst-Wert-Gefühls.

Laßt mich kurz das brutale Gemetzel durch christliche Indoktrination aufdecken, die 2000 Jahre lang jedem unschuldig geborenen Kind das menschenverachtende Dogma auf die Stirn und tief ins Herz brannte, daß es sich selbst nicht lieben dürfe, so wie es ist, da es Schuld in sich trage, und sein Leben damit verbringen müsse, diese Schuld durch uneigennützige, selbstlose Taten abzutragen, indem es nicht seinen eigenen Wünschen und Willen nach handelt, sondern den Gesetzen und Anforderungen des großen Kollektivgeistes gehorche. Vielleicht, ja vielleicht würde es dann von diesem tyrannischen, hassenden Etwas, das Gott (eher die Summe aller anderen Menschen) genannt wird, geliebt und ihm verziehen werden. Vielleicht dürfe es dann für einige ausgewählte Augenblicke in den Genuß der allgemeinen Anerkennung und Billigung seiner Existenz kommen, einmal sich selbst, so wie es ist, akzeptieren und lieben. Vielleicht...

Auf diese Weise wurde das Tor zum eigenen schöpferischen Potential zugemauert, dem Einzelnen die Möglichkeit genommen, so zu werden wie Gott, der, und man vergesse das nicht, selber allein und schöpferisch war und nicht müde wurde, mit Fluten von Verboten und Drohungen dieses Privileg für sich allein zu beanspruchen. Bis einer kam und das Privileg aufhob, indem er das Wissen, das schöpferische Feuer stahl, es dem Menschen brachte und damit die Morgendämmerung des Bewußtseins auf dieser Erde einleitete: Lucifer.

Jede Beschäftigung mit dem Thema der Selbstliebe läuft Gefahr, in eine Arie des Zorns oder eine luciferische Litanei auszubrechen. Das spricht für das hohe Quantum Energie, das darin verborgen ist, und niemand sollte so voreilig und dumm sein, sich immun zu schätzen. Denn jeder hat auf die eine oder andere Art Einschränkungen erfahren, die zur Prägung des Charakters beigetragen haben. Und es ist die übrig gebliebene Portion an Selbstwertgefühl oder Stolz, die dich dazu treibt, mehr über die Möglichkeiten zu erfahren, in den vollen, stets steigenden Genuß deiner eigenen Existenz zu gelangen. Du suchst für dich, du lebst für dich, du liebst für dich. Und niemand sonst. Deine Liebe mag wachsen, dein „Herz-Chakra" sich weiten, doch nur in dem Maße, in dem du dich selbst nicht darin zu verlieren trachtest.

Die Liebe der meisten ist eine unbewußte Hinwendung zu Vorstellungen, Wünschen und Träumen, die sie in ihrem eigenen Leben nicht verwirklicht haben. Diese Menschen erkennen einander, sammeln sich, entwickeln Ideologien, gründen Religionen, erheben Nächstenliebe und Mitleid zu den höchsten Tugenden, versammeln sich wieder, um den Übernächsten totzuschlagen und jene, die aufrichtig sind und echt geblieben sind, als krank, arrogant und gefährlich anzuzeigen. Die Verlogenheit (die Nicht-Verwirklichung) ihrer Ideale bezeugen u.a. die Porno-Industrie und zahllose Huren nur zu gut. Denn im Sex, den sie verdammen oder drüberwegreden, sehen sie sich immer an ihren eigenen Ansprüchen scheitern. In der tatsächlichen körperlichen Liebe sind sie rücksichtslose, plumpe, egoistische Schlachtmeister, Sklaven ihrer uralten Ängste vor dem großen schrecklichen Dämon ihres Selbst. Was sie zu erreichen suchen mit ihren dummen, feigen Lügen ist die verlorene Liebe zu sich selbst. Doch die wird es solange nicht geben, bis sie wieder da wächst, wo sie herkam: in der Brust des Einzelnen, im Herzen eines gesunden, ganzen Sterns.

Damit die Liebe nicht zur Selbst-Flucht wird, sondern zur Erweiterung der Erfahrungen des Selbst beitragen kann, müssen auch die dunklen Manifestationen des Willens konfrontiert werden. Nur wer die Schattengestalten seiner Existenz in seinem dadurch erweiterten Bewußtsein zu integrieren vermag, d. h. sich selbst und damit seine Welt gestalten kann, ist stark genug, um offen zu werden, um da zu sein, wenn er/sie von einem anderen Dasein berührt wird. Sofern dies sein/ihr Wille ist. Denn jemand, der seine Ideale und Wünsche selbst verwirklicht, ist auf die unterbewußt ersehnte Hilfe anderer zunehmend weniger angewiesen. Sein/ihr Selbstwertgefühl gewinnt an Tiefe und Festigkeit und strahlt auf andere als klare Abneigung oder starke Anziehung aus. Die Beziehungen werden deutlicher und intensiver, weniger ängstlich und offener. Das Allein-Sein verliert an Schrecken und gewinnt an Authentizität. Das Selbst steht aufrecht im Leben.

Seien wir maßlos verschwenderisch, indem wir uns kurz mit dem Konzept (eigentlich konzeptloses Schreien verängstigter Tiere) der selbstlosen Liebe auseinandersetzen. Liebe ist ein weites Feld undefinierter Gedanken und Gefühle, doch eines ist sie ganz sicher: Begegnung. Das setzt voraus, daß etwas Sich-Begegnendes existiert. In der Natur der Sache liegt auch, daß es mindestens zwei solcher sich-begegnender Existenzen geben muß (nebenbei: schon mal was von selbstlosem Gruppensex gehört? Nein? Ich auch nicht.)

Nun beschreibt das Konzept diese zwei Sich-Begegnenden als „selbstlos“.

Das läßt verschiedene Interpretationen zu:

a) der Begriff „Selbst“ beschreibt einen besonderen Aspekt der Existenz, des Sich-Begegnenden (z. B. den Aspekt der Mitte, den Aspekt der Bewußtheit, den Aspekt der physischen Gestalt etc.)

b) der Begriff „Selbst“ beschreibt die Totalität der Existenz, dieses als unterschieden von anderen Existenzformen definierend.

Selbstlos bedeutet, daß man sich weder a) noch b) bei der Begegnung zu denken hat. In beiden Fällen läuft die Begegnung auf ein langweiliges Dinner hinaus. Unter a) kann die Begegnung eine sensationelle Ekstase bedeuten, ohne daß irgend jemand oder irgend etwas sie wahrnimmt. Und b) führt die Idee der Begegnung ad absurdum.

Kommen wir zur Sache und reden vom Sex. Hier wird die Idee der Selbstlosigkeit unweigerlich komisch. Zwei Nicht-Selbste lieben einander. Zwei Blinde malen ein Bild...

Davon abgesehen kann in der Abwesenheit gegensätzlicher Pole gar keine Spannung entstehen. Die Heizung funktioniert nicht. Es bleibt kalt.

Das Ergebnis war abzusehen, doch unsere Gedanken sind nicht umsonst gewesen. Erweitern wir unsere Vorstellung vom Begriff der Selbstliebe: Zwei Selbste lieben sich. Jedes Selbst ist mit sich eins, nicht gespalten, sondern gebündelt, konzentriert, bewußt, stark. Die Spannung zwischen den Polen wird dadurch enorm, gewaltig: die Heizung explodiert, die Gegensätze lösen sich auf, schwingen in ihr Gegenstück und zurück, fließen frei im Ozean der Energie – Ekstase – Gott – Du!

Xeper

Samadhi-Set!

Es ist wahr: ein Großteil der Literatur über Meditation ersäuft in orthodoxer Ideologie und mystischen Versprechungen des Paradieses. Nichtsdestotrotz stellt die Meditation eine Technik dar, mit der ebenso gut die magische Trance (Gnosis, Samadhi) erreicht werden kann wie die Weichklopferei des Gehirns.

Crowleys prägnante Darstellung der Kunst der Meditation: „Diesen einen Gedanken und keinen anderen denken“ (Magick, Teil I) macht deutlich, daß sie primär eine Entwicklung des Willens fordert und eine harte Disziplin der Selbstüberwindung ist.

Dieser Methode bedienen wir uns im folgenden Experiment. Dies ist kein formelles Ritual! Diese Übung in Meditation beabsichtigt, einen Gedankenstrom zum Fürsten der Finsternis in seiner ältesten Form des Set herzustellen. Richtig ausgeführt, schwingst Du Dich ein auf den Willen des Äons. Ohne rituelle Absicherung, ohne symbolische Distanz, ohne zögerndes Nachdenken, ohne Wenn und Aber. Aller materiellen Bezugspunkte und ideellen Leitsysteme entledigt, dringst Du vor in das dunkle Zentrum intelligenter Energie. Du wirst eins mit Set!

Vorbereitungen

Zeichne das Symbol des Set auf schwarzem Papier oder Karton. Verhältnis der Durchmesser 8 cm zu 10 cm.

Verwende einen Uni Paint Marker (Stabilo, Edding) von roter oder silberner Farbe.

Sitze bequem in Deinem Asana oder in einem Sessel mit aufrechter Rückenlehne. Plaziere das Pentagramm in Augenhöhe über dem Altar (selbstverständlich schwarz). Verwende nur soviel Kerzenlicht als nötig. Das Symbol des Set soll deutlich zu sehen und der einzige Fokus Deiner Aufmerksamkeit sein.

Um Atmosphäre zu schaffen kannst Du auch etwas Weihrauch benutzen, doch nicht zuviel davon.

Saturnisches Schweigen ist unübertrefflich, doch nicht immer zu bewerkstelligen. Versuch es mit Oropax! Oder die Klangschalenmusik „Späce“ von Klaus Wiese.

Fertig? Bevor Du beginnst, mache ein paar Atemübungen, oder energetisiere Dich mit Körperübungen.

Ausführung

- Entzünde die Kerzen
- Sitze bequem im Asana oder im Sessel und laß Dir ausreichend Zeit zum Entspannen mit geschlossenen Augen.
- Öffne Deine Augen und blicke in das Zentrum des Pentagramms. Versuche, Dein Bewußtsein hindurchzuprojizieren. Überanstrenge Dich nicht. Langsam fließe in den Raum hinter dem Pentagramm und wiederhole ununterbrochen die Worte: „Ich verbinde mich mit Set!“ Moduliere Lautstärke und Tempo der Worte nach Deiner persönlichen Neigung.

- Wenn Du überzeugt bist, dich „mental" am „richtigen Ort" zu befinden, stell Dir vor, mit der Persönlichkeit hinter dem Pentagramm, mit Set, zu verschmelzen. Mit absoluter Selbstsicherheit, ohne Zaudern und Zögern, sage unablässig die Worte: „Ich bin Set!" Singe es leise, fühle es, glaube es...werde es! Tue dies nicht länger als eine Stunde.
- Wenn Du denkst, genug zu haben, steh auf, lösche die Kerzen und geh zu Bett. Solltest Du auf Deinem Sitz einschlafen, könnten die Träume etwas wüst werden.
- Die beste Zeit für diese Übung ist vor dem Schlafengehen. Optimal sind die Stunden zwischen 1.00 und 4.00 Uhr
- Erfolg in dieser Übung ist eindeutig. Die ungebrochene Vereinigung mit Set erlaubt Dir, für eine kurze Zeit im Besitz seiner Kräfte zu sein. Ein in diesem Zustand formulierter Wille ist unwiderstehlich und nicht wieder rückgängig zu machen.

Take care of your wishes!

Xeper

Notizen zur Unsterblichkeit – Das Elixier des Lebens

Wer sich mit der Verlängerung oder Unsterblichkeit des lebendigen Bewußtseins beschäftigen will, kommt nicht umhin, einen Blick auf die geheimen Lehren der Weisen Chinas zu werfen. „Das Geheimnis der goldenen Blume“ (Tai I Gin Hua Dsing Dschi) ist der grundlegende Text – der seine Ursprünge in der Tradition mündlicher Überlieferung hat – zur Religion und Lehre vom Goldenen Elixier des Lebens. Das Buch gibt die Lehren des taoistischen Philosophen Lü Yen wieder, der ungefähr im 8. Jahrhundert nach Christus lebte und Schüler des Meisters Yin-Hi war, für welchen Laotse der Sage nach sein berühmtes Tao-Te King niederschrieb. Im folgenden Auszug fasse ich die Darstellung der grundlegenden Ideen der „Goldenen Blume“ von Richard Wilhelm zusammen.

> „Aus dem Tao (dem Ungeteilten, dem Tai-Chi) entstehen die Prinzipien der Wirklichkeit, das polare Helle (Yang) und das polare Dunkle oder Schattige (Yin). Die Zeichen beziehen sich zuerst auf Naturerscheinungen; die sexuellen Polaritäten wie alle anderen sind daraus abgeleitet. Weniger abstrakt sind die Begriffe Kien, das Schöpferische, das aus Yang entsteht, und Kun, das Empfangende, das aus Yin entsteht. Sie symbolisieren auch Himmel und Erde, durch deren Verbindung die zehntausend Dinge, d. h. die äußere Welt entsteht. Der Mensch entfaltet sich seiner Erscheinung nach in eine Vielheit von Individuen, in deren jedem die zentrale Eins (Tao) als Lebensprinzip eingeschlossen ist; nur, daß sie sofort noch vor der Geburt, im Moment der Empfängnis polar – dual auseinandertritt in Wesen (Sing) und Leben (Ming). Diese sozusagen überindividuellen Prinzipien können mit dem uns bekannten Logos (Wesen/Sing) und Eros (Leben/Ming) verglichen werden.
>
> Diesen Dualpaaren entsprechen nun im körperlich-persönlichen Menschen folgende polare Spannungen. Der Körper wird belebt durch das Zusammenspiel von zwei seelischen Gebilden: Erstens Hun, dem Yang zugehörend (oder Animus) und zweitens Po, dem Yin zugehörend (oder Anima).
>
> Während des Lebens sind diese beiden Seelen in ständigem Konflikt. Beim Tode trennen sie sich und gehen verschiedene Wege. Das Po, die Anima, sinkt hinab zur Erde; das Hun, der Animus, steigt hinauf.
>
> Hat das Ich die Veräußerung bejaht, so durchläuft es den fallenden, „rechtsläufigen“ Lebensprozeß und sinkt in die dunkle Trübsal des Todes. Ein solches Ich wird ein Gui (ein dumpfes Geistwesen). Wenn es dagegen während des Lebens gelingt, die „rückläufige“ steigende Bewegung der Lebenskräfte einzuleiten, so findet eine Befreiung von Außendingen statt. Ein solches Ich kann ein Shen werden, ein Gott.
>
> Im ersten Fall zwingt die Anima (der dumpfe Wille) den Animus in ihren Dienst. Im zweiten Fall werden die Kräfte der Anima vom Animus aus beherrscht.

Ein Mensch, der diese Stufe (Shen) erreicht, transponiert sein Ich. Er ist nicht mehr auf die Monade beschränkt, sondern durchdringt den Bannkreis der polaren Zweiheit aller Erscheinungen und kehrt zurück zum zweitlosen Einen, dem Tao.

Hier ist nun der Unterschied zwischen Buddhismus und Taoismus. Im Buddhismus ist diese Rückkehr ins Nirvana mit einem völligen Erlöschen des Ichs, das ja nur Wahn ist, wie die Welt auch, verbunden. Im Taoismus dagegen ist das Ziel, daß sozusagen die Idee der Person, die „Spuren" der Erlebnisse in Verklärung erhalten bleiben. Das ist das Licht, das mit dem Leben zu sich selbst zurückkehrt und in unserem Text durch die Goldblume symbolisiert wird."

Solche Art von Erleuchtung war nicht auf den Orient beschränkt. Sie wurde ebenfalls von den Eingeweihten der westlichen Welt angestrebt. In „Her-Bak, der initiierte Ägypter" wird ausführlich geschildert, wie es eins der zentralen Geheimnisse der altägyptischen Priesterschaft war:

„Was ist Leben? Es ist eine Form von göttlicher Gegenwart. Es ist die Kraft, die allen geschaffenen Dingen innewohnt, sich selbst zu verändern durch fortlaufende Zerstörung der Form, bis der Geist oder die treibende Kraft des ursprünglichen Lebensstromes befreit ist. Diese Kraft ruht in der wahren Natur aller Dinge. Das stets zunehmende Zerstören von Formen durch das göttliche Feuer, verbunden mit einer Neugeburt lebendiger Form, die Metamorphose, ist Ausdruck der ständigen Ausdehnung des Bewußtseins. Es ist das spirituelle Ziel allen menschlichen Lebens, eine Qualität von Bewußtsein zu entwickeln, die unabhängig ist von körperlichen Einflüssen.

Jener, der die göttliche Dimension seines Lebens erkennt, weiß, daß Wissen und Erkenntnis nur ein Ziel haben, nämlich immer höhere Zustände des Seins anzustreben, um sich so von seiner Sterblichkeit zu befreien.

Denn Dinge sind nur sterblich in körperlicher Gestalt; der Geist, das göttliche Wort, kehrt zurück zu seiner Quelle und stirbt nicht. Unglücklich ist das „Ka", dem es nicht gelingt, seine Seele zu befreien."

Diese ägyptische Weisheitslehre überlebte die Vernichtung des alten Ägypten in Gestalt der Pythagoräischen/Platonischen Lehre von der Seelenwanderung. Sie wurde durch das Christentum vehement angegriffen und unterdrückt, denn diese grausame Religion hatte genau erfaßt, daß die Angst vor dem Tode eine der mächtigsten Waffen war, um die Menschheit zu versklaven. Sie lehrten den Tod als etwas Schreckliches und Endgültiges, und die einzige Ausweichmöglichkeit bestand darin, ein Christ zu werden – eine verwaltbare Einheit im Dienst der christlichen Kirchen.

Doch die alten Lehren bewahrten sich in jenen Völkern oder Gruppen, die vor der Christianisierung, zumindest für eine Zeit, flüchteten oder sich versteckt hielten. In diesen vor der Verdummung christlicher Propaganda bewahrten Kreisen erhielt sich noch das Wissen um die Geheimnisse der wahren Natur des Menschen und um die Kräfte, die sein Schicksal bestimmen. Sie wurden gesammelt und gelehrt in den großen Tempel-Universitäten der ganzen zivilisierten Welt. Obwohl sich der Mensch voll im klaren über die wichtige Rolle war, die die Erbanlagen bei der Gestaltung des physiologischen und psychologischen Organismus haben, dachten sie doch nicht vom innersten Kern ihres Daseins als ein Produkt rein biologischer Kräfte.

Den innersten Kern, den sie „daemon“ oder „entelechy“ nannten, sahen sie mit Qualitäten ausgestattet, die den Menschen zu etwas Einzigartigem machten, abseits seiner körperlichen Charakteristika. Nach heidnischem Glauben ist das Leben weder Anfang noch Ende der „entelechy“. Die Sterblichkeit des Menschen bezieht sich vielmehr auf den Fakt, daß das gewöhnliche Selbstbewußtsein mit dem Tod des Körpers sich auflöst. Die unsterblichen Götter unterscheiden sich von den sterblichen Menschen einfach durch den Fortbestand ihres Bewußtseins.

Nach heidnischen Lehren konnte das Bewußtsein nach dem Tode einen von drei Zuständen erreichen.

Der erste Zustand ist ein traumähnlicher, ein vollkommener Verlust der Erinnerung und der Selbst-Identifikation. Der Hades der Griechen, das Hel der germanischen Mythologie.

Der zweite Zustand wird von den Kriegern und Helden erreicht, die sich durch Mut und Kreativität von den gewöhnlichen Sterblichen unterscheiden. Sie erhalten ihr Selbstbewußtsein aufrecht, ohne jedoch ihre Bindung an die Erde aufgelöst zu haben. Elysium der Griechen, Walhalla der Germanen.

Der dritte Zustand wird von jenen erreicht, die die engen Grenzen erdgebundenen Bewußtseins überwinden und, völlig frei, neue Impulse in die Welt bringen. Obwohl sie noch immer in einem sterblichen Körper leben, hat ihr Bewußtsein den Status der Göttlichkeit erlangt. Die Mythologie spricht davon, daß nach dem Tode sich ihre Seelen zu den Sternen erheben.

Im Gegensatz dazu erscheint dem modernen Menschen sein Leben bedeutungs- und sinnlos. Diese Sinnlosigkeit gründet in seinem materialistischen Konzept von sich selbst. Er identifiziert sein Bewußtsein mit seinem Körper, der durch biologisch-chemische Prozesse gesteuert wird. Alles was er braucht, ist ausreichend Nahrung und Gesundheit (Unversehrtheit). Diese Bedürfnisse sind in den heutigen Gesellschaften der zivilisierten Welt grundlegend gestillt. Die Jugend ist es, die den Hunger nach mehr spürt, und daß dieser Hunger nicht ein physischer ist.

Alle Versuche, diesen Hunger durch Drogen, Verbrechen, Perversionen und Selbstzerstörung zu stillen, verstärken nur die ursächliche Frustration: Diese verzweifelten Versuche, der unhaltbaren Langeweile ein Ende zu bereiten, werden von den Autoritäten der Gesellschaft natürlich nicht anstandslos hingenommen. Sie setzen reaktionäre Ideen und Mechanismen in Gang, um die alten Zeiten wieder zu Leben zu erwecken. Vergebens, denn Fröhlichkeit, romantische Liebe und Mitleid sind in den vergangenen Jahrhunderten so korrumpiert worden, daß sie schwach und uninteressant geworden sind.

Diese Werte sind ungeeignet, den Menschen aus seiner Dumpfheit und Verlorenheit zu holen und ihn wieder an seine Ganzheit und wahre Kraft zu erinnern. Die

Verzweiflung des modernen Menschen läuft geradewegs auf die totale Vernichtung seiner selbst, den kollektiven Selbstmord durch die Entfesselung der nuklearen Feuers zu. Doch wie soll er etwas ändern, was er nicht mehr versteht?

Trotz all ihrer bewundernswerten Erfolge versagt die moderne Wissenschaft darin, das Wesen immaterieller Werte zu verstehen. Diese Begrenzung wird nur von wenigen, meist den wirklich kreativen Wissenschaftlern, eingestanden, während der durchschnittliche Intellekt in seiner Selbstüberschätzung und Unfähigkeit diese Begrenzung übersieht und irrtümlich annimmt, er könne für jeden Bereich des Lebens eine befriedigende Erklärung anbieten, die religiöse oder spirituelle Wahrheit überflüssig mache.

Und vor allem ist der moderne Mensch in Gefahr, die materialistischen Konzepte der Wissenschaft mit seinem eigenen Wesen zu identifizieren. Solcherart von seiner eigentlichen Natur entfernt, beginnt er wie ein Roboter zu denken und zu handeln; er wird unfähig zu eigenem inneren Erleben, unfähig, die Einmaligkeit seines Wesens zu erfassen, unfähig, Freude und urtümliche Lust an dem, was er ist, zu empfinden. Der Mensch ist wissend geworden und erfahren in der Analyse und Erforschung der materiellen Welt, hat die Reichweite seiner Wahrnehmung bis in die fernsten Galaxien und jenseits des Atoms ausgedehnt. Dagegen ist die Erfahrung und Erforschung des subjektiven Universums, der objektiven Innenwelten verkümmert, ja verloren und hat ihn alleine zurückgelassen in der Dunkelheit, wo er sich sehnt nach dem wahren Feuer seiner selbst und sich zugleich abgrundtief davor fürchtet, weil es ihm so fremd geworden ist.

Jene jedoch, die sich zur selbst-bewußten Bewußtheit gegen alle Widerstände, Ängste und Repressionen erhoben haben, fühlen sich fremd in dieser Welt der Zombies und Hüllen und sind nicht gewillt, das so ohne weiteres hinzunehmen.

Je tiefer sie in ihre Selbstbewußtheit eingeweiht sind, desto klarer erkennen sie die Möglichkeiten, das Werden ihres subjektiven Universums und die Entwicklung des objektiven Universums zu beeinflussen.

Es ist die Gabe Sets, durch welche du in der Lage bist, diese Zeilen zu lesen und zu verstehen. Jedes bewußte, intelligente Wesen ist ausgestattet mit dem Funken übermenschlichen Feuers, dessen Erkennen, Verstehen und intelligente Handhabung es ihm/ihr ermöglicht, das Goldene Elixier des Lebens herzustellen und ein freies, einmaliges, selbstbestimmtes Bewußtsein zu werden.

„Denn die Hölle hinterließ dem Menschen die vollkommene Freiheit,
und ein solches Geschenk kann nicht zurückgenommen werden."

Xeper

Bemerkungen zur Gabe Sets

Die Gabe oder das Geschenk Sets an den Menschen nennen wir die „Dark Flame“. Der Begriff umschreibt die Fähigkeiten der Intelligenz und des Willens, die *jedem* Menschen eingeboren sind, doch nur von *wenigen* Menschen ins Bewußtsein gebracht und entwickelt werden. Diese Wenigen sind die Erwählten Sets. Es sind diejenigen Menschen, die, um es auf den Punkt zu bringen, von Transzendenz-Erfahrungen nicht umgehauen werden und fortan sich bemühen, ihr persönliches, individuelles Dasein gegen das konstante All-eins-Erlebnis einzutauschen, sondern die daran arbeiten, diese neue, über-individuelle Erfahrungsebene in ihr subjektives, individuelles Selbst-Bewußtsein zu integrieren. Jene, die gewillt sind, ihr Bewußtsein, ihr Wissen und ihre Kraft solcherart auszudehnen, tun dies aufgrund einer unbekannten, unerklärlichen Größe – es gibt bisher keine befriedigende Erklärung dafür, warum der eine im Meer aufgelöst werden, und der andere daraus schöpfen will. Der Andere, jener, der schöpfen will, ist ein Erwählter, höhere Zustände des Seins und neue Möglichkeiten des Lebens zu erlangen, und nur der Teufel weiß, warum. „Und aller Rest ist Nacht und Nichts.“ (S. George)

Bei der Intelligenz handelt es sich also um ein Wissen, ein Verständnis, das den Rahmen sowohl der rein logischen, des epistemologischen wie auch des intuitiven und emotionalen Wissens übersteigt. Und dies auf eine Art, die in keinster Weise mystisch erklärbar ist noch durch die Praxis des Mystizismus erlangt wird, jedoch durch sie bereichert, d. h. erweitert werden kann.

Der üble Ruf der Schwarzen Magie hat einen ganz einfachen Grund: sie ist gefährlich. Die Logik, das Erfahrungswissen, die Intuition, das Gefühl sind Fähigkeiten des Menschen, die in den seltensten Fällen unter der Führung eines Willens gleichmäßig und kontrolliert geübt und optimiert werden. Ohne die Fertigkeit, das, was in dir schon aktiv ist, willkürlich einsetzen zu können, kommt es einem Selbstmord gleich, zu versuchen, neue Kräfte zu aktivieren, von deren Wesen du nicht die geringste Vorstellung hast.

Du sprichst von Mut und Tapferkeit? Die wirst du auch brauchen, wenn dein Wille stark genug ist, deine unterschiedlichen Kräfte beisammenzuhalten. Es geht nicht darum, Gefahr zu vermeiden. Es geht darum, dich zu befähigen, dein Werden zu lenken.

Intelligenz beschreibt in diesem Kontext die Fähigkeit zu differenzieren. Sowohl unterscheiden zu können zwischen den einzelnen Elementen und Axiomen rationalen Denkens, als auch zwischen den verschiedenen, einzelnen Gefühlen, zwischen den Erfahrungen, als auch zwischen neuer und alter (bzw. keiner) Information etc. Die Differenzierung geht weiter sowohl in den einzelnen Bereichen des Wissens, als auch zwischen ihnen. Z. B. magst du erfühlen, daß eine mathematische Gleichung nicht korrekt ist oder daß du schlußfolgerst, ein Gefühl wäre jetzt und hier unpassend. Ramsey Dukes verdeutlicht diese (und viele andere) Aspekte der Intelligenz (und der Magie) in seinem Büchern „Donnerquiek" und „Anarcho Magie". Lese sie. Es lohnt sich.

Angenommen, du hättest dein Bewußtsein bis zu dem Grad entwickelt, daß du dir aller seiner Elemente und aller möglichen Kombinationen sowie Unter-Elemente sowohl einzeln als auch im komplexen Zusammenhang bewußt wärest, was würde daraus für eine Möglichkeit oder Notwendigkeit für dich entstehen? Um dein Bewußtsein weiter ausdehnen und differenzieren zu können, müßtest du dir selbst auf eine Weise bewußt sein, die das Gefühl des Mangels, der Enge, der Unzufriedenheit mit dem Status Quo beinhaltet.

John C. Lilly meinte, der Mensch müsse neue Wege der Kommunikation erschließen, um zu neuen Informationen zu gelangen, und dazu bedürfe es einer anderen, nicht-menschlichen Quelle. Er schlug vor, mit Delphinen zu arbeiten. Eine andere Möglichkeit ist, dich selbst mit etwas in Kontakt zu bringen, das noch von keinem Menschen (oder nur sehr wenigen) erfahren und bewußt gemacht wurde und daher nicht im „Kollektiv-Bewußtsein" der Menschen angelegt ist. D. h. einen Sprung zu wagen, der, wenn du ihn überlebst, dich mit dem bekannt macht, was hier mit Intelligenz gemeint ist. Andere Begriffe wären *Saturn-Gnosis* (Gregorius), *Noesis* (Plato) oder „Setamorphose".

Im Grunde genommen handelt es sich bei der Weiter-Entwicklung der Intelligenz (die die Grundlage all deiner Bewußtseinsfähigkeiten ist, wie du jetzt verstanden hast) um nichts anderes als eine Kontext-Erweiterung deiner subjektiven Erfahrung. Die Fähigkeit des Gedächtnisses gewinnt jetzt magische Bedeutung: du mußt dich daran erinnern können, wie du den Übergang vom alten zum neuen Kontext „markiert" hast. Und du mußt in der Lage sein, diese Markierung auch noch verstehen zu können. Du mußt sie daher übersetzen und für dein Bewußtsein auf allen Ebenen verständlich machen, damit du weiterhin die Relation zwischen der subjektiven Welt deines Selbst-Bewußtseins und dem objektiven Universum der äußeren Welt erkennen und beeinflussen kannst. Denn nur, wenn du die Trennung aufrechterhältst, kannst du willentlich dich selbst und deine äußere Umgebung verändern. Wenn deine Kraft nicht ausreicht, die „Dark Flame" zu schwach ist, dann verliert sich dein ureigener Wille in der Auflösung des Selbst und du beginnst, dich mit dem objektiven Universum zu identifizieren, bzw. die Inhalte deines Bewußtseins in die äußere Welt zu projizieren. Dann bist du alles Mögliche – ein erleuchteter Guru, ein schizophrener Psychotiker, ein verwirrter Dummkopf – doch du bist kein deiner selbst bewußtes Selbst mehr. Und es gibt viele, die meinen es ernst, wenn sie sagen, dies sei kein großer Verlust, sondern eine Errungenschaft, ein Triumph – die Überwindung des Ego. Die Ahnungslosen, verstrickt in den knorrigen Wurzeln aus ihrer eigenen tiefen Dunkelheit, wollen ein gutes, schnelles Ende. Ich nicht! Und was ist mit dir?

Surf, not serve! – Das Wissen der Vampyre

Die vielfältigen mysteriösen Fähigkeiten und Kräfte der Vampyre sind Legion. Sie wurden und werden von geringer befähigten Zeitgenossen noch immer als übersinnlich, geheimnisvoll und unnatürlich betrachtet. In den Kreisen der Ignoranten hat sich noch nicht herumgesprochen, daß unseren Sinneswahrnehmungen – völlig im Einklang mit sogenannten Naturgesetzen – vergleichsweise enge Grenzen gesetzt sind und daß die Objekte, die wir sinnlich wahrnehmen, jenseits unserer Fähigkeiten sie wahrzunehmen, die gleichen sind.

Nun sind Vampyre einfach solche Wesen, die mit Eigenschaften und Kräften ausgestattet sind, über welche die Menschen nicht verfügen. Nennen wir sie also übermenschlich. Das klingt schon ganz anders als über-natürlich. Es scheint einfach irgendwie akzeptabler zu sein, den Menschen zu überwinden als die abstrakte Idee der Natur.

Der Vampyr sieht das etwas anders. Und von einem solchen werden wir jetzt einiges darüber erfahren, wie man sich vorbereiten und trainieren kann, um zu jenen Gaben zu gelangen, die auch dem Vampyr nicht zugeflogen sind.

Und das Beste ist: wir brauchen keinen, der uns beißt.

> „Das erste, was du lernen und verstehen mußt, ist, daß Wirklichkeit kein unbewegliches, unbeeinflußbares Ding ist. Die Wirklichkeit ist etwas, das im Geist eines Beobachters erschaffen wird im Kontext vergangener Beobachtungen, um sich daran zu erinnern, wann, wo und wer er ist.
>
> Daraus folgt der zweite Schritt des Vampyr-Trainings. Präge ihn dir gut ein: du mußt lernen, so geschickt und intelligent mit den Parametern der Wahrnehmung umzugehen, daß die Wirklichkeit deiner vampyrischen Eigenschaften nicht nur möglich, sondern wahrscheinlich wird. Du mußt ein Experte darin werden, Wissen und Nicht-Wissen exakt zu proportionieren. Nimm zum Beispiel die Idee der Unsichtbarkeit. Einfach nur nicht gesehen zu werden, bringt dir gar nichts oder schadet dir sogar. Jedoch Ereignisse und Umgebung so zu gestalten, daß du jemanden nach Belieben in diese oder jene Situation bringen kannst, bedeutet einen klaren Zugewinn für dich: an Macht, Freiheit, Selbstvertrauen und Einsicht in dein Potential. So vorzugehen bedeutet, wie ein Vampiyr zu handeln, ja, ein Vampyr zu sein. Aber aus kindischem Stolz oder Profilierungssucht aus dem Verborgenen zu springen wie ein Kasperle und zu offenbaren, was du getan hast, würde nicht nur das Ende deiner Unsichtbarkeit bedeuten, sondern auch deines Vampyr-Daseins.
>
> Wenn nicht manche unserer Art so dumm und unfähig gewesen wären, hätten die Menschen nie von unserer Existenz erfahren. Daher der dritte notwendige Schritt: solange du ein Vampyr bist, übe dich in Geduld und Schweigen. Vampyrismus ist nichts für Leute mit ungenügender Selbstdisziplin.
>
> Solcherart gewarnt, bist du nun bereit, ein paar praktische Tips zu empfangen.

A) Die Verwandlung in reale oder mythische Tiere

1. Es gibt keine Verwandlung unabhängig von deiner Absicht: ein Wolf ist weniger geeignet, unbeobachtet durch die Straßen zu ziehen als eine Ratte. Ein Greif ist weniger geeignet in eine Wohnung im dritten Stock einzudringen als eine Fledermaus etc. .
2. Schärfe nacheinander jedes einzelne deiner Sinnesorgane. Durch konzentriertes, aufmerksames Beobachten deiner Sinnesfunktionen.
3. Anschließend lerne, jede deiner Sinnesfunktionen (zuerst einzeln, dann kombiniert, dann alle zusammen) auszuschalten.
4. Übe dich regelmäßig in ruhigem, gleichmäßigem Atem, bis dein Atem völlig selbständig ein- und ausströmt.
5. Mache dir ein klares, eindeutiges Bild – so detailliert wie möglich – von jenem Tier, in das du dich verwandeln willst. Halte diese Bild fest und bewegungslos in deinem Geist.
6. Erlaube deinem Atem, sich zu verselbständigen und jene Form und Rhythmik anzunehmen, die er für die passendste zu deinem Bild hält.
7. Höre tief hinein in deinen Brustkorb und finde den Laut, den Sound, der am besten dem Bild in deinem Geist entspricht und es akustisch repräsentiert.
8. Nun erlaube deinem physischen Körper, die Gestalt anzunehmen, die in deinem Bewußtsein schon verwirklicht ist. Erlebe die ekstatische Kraft des Tieres.
9. Versuche die Schritte 5-8 an einem einsamen, dir unheimlichen, angsteinflößenden Ort, und zwar nackt zu Mitternacht. Achte darauf, daß dich niemand beobachtet. Sollte es doch jemand tun, ist es entweder sein Pech oder deines, wenn er nämlich eine Waffe bei sich trägt.

B) Die Unsichtbarkeit des Vampyrs

1. Entscheidend ist, daß Unsichtbarkeit etwas Vielfältigeres ist, als es den „Anschein" hat. Die vampyrische Unsichtbarkeit ist eine gewollte und zweckbezogene Handlung, welche die Gesetze der Optik beachtet und anwendet. Unsichtbar-Sein und Nicht-Gesehen-Werden sind grundverschiedene Dinge, auch in Hinsicht auf ihre Realisierbarkeit. Und der praktische Nutzen ist bei beiden gleich groß. Bedenke stets die folgenden Punkte:
   - was ist deine Absicht?
   - wo befindest du dich?
2. Nicht gesehen zu werden, ist auf einer Party, wo du Eindruck schinden willst, eine ausgesprochen dumme Idee. Im Clown-Kostüm durch die City zu schlendern, ist eine inadäquate Methode, um in der Menge ungesehen agieren zu können.
3. Um draußen im Tageslicht ungesehen zu bleiben, ist es also das Beste, deine Erscheinung der Konvention anzupassen: an Kleidung, Frisur, Gestik, Bewegung, Aussprache etc.
4. Abhängig von der Größe der Gruppe von Leuten, in der du dich befindest, ist, ob die Aufmerksamkeit der Menschen auf viele verschiedene Punkte gerichtet ist

oder auf einen einzigen. Bei einer größeren Veranstaltung zum Beispiel bilden sich viele kleine private Grüppchen, zwischen denen du fast unbehelligt dich bewegen kannst, weil jede Gruppe denkt, du würdest einer anderen Gruppe angehören.

5. Bei einer kleinen Menge von Leuten kannst du es vielleicht bewerkstelligen, daß alle auf die gleiche Sache achten, auf einen Punkt fokussiert sind.

6. Wenn ein einzelner dich wahrnimmt und seine Konzentration auf dich gerichtet ist, kannst du mit unterschiedlichen Rhythmen und Tempi deiner Bewegungen, Sprache und Gefühlsäußerungen sowie mit ständig wechselnden, auch widersprüchlichen Statements aus seiner Wahrnehmung entschwinden. Unterschätze diese Möglichkeit nicht. Der menschliche Wahrnehmungsapparat arbeitet mit Brüchen. Diese kannst du verlängern und dir zu Nutze machen. Man braucht nur wenige Sekunden, um zuschnappen zu können.

7. Schließlich die Dunkelheit. Füge dich einfach nahtlos in sie ein. Werde still in Körper und Geist. Sende keine Gedanken mehr aus, reagiere auf nichts und atme so ruhig und gleichmäßig, daß du alles, was um dich herum ist, ohne Widerstand ein- und ausatmest ohne den leisesten Ton. Mache dies zuerst im Sitzen, dann in jeder Position: friere ein.

C) Die Kunst des Gedankenlesens

1. Es scheint fast überflüssig, über diese Kunst viele Worte zu verlieren, in einer Zeit, in der z.B. NLP und andere Methoden nonverbaler Kommunikation so verbreitet sind. Benutze sie.

2. Ein anderer Aspekt ist eine bessere Kenntnis der Körpersprache, die intuitiv und rational verstanden werden kann. Sami Molcho ist ein unübertrefflicher Lehrer.

3. Lese außerdem die Werke Arthur Conan Doyles und wichtiger noch, die Kriminalgeschichten von Edgar Allan-Poe. In „Der Mord in der Spitalgasse“ wirst du eine unübertroffene Einführung in diese Kunst vorfinden.

4. Allgemein ist die Kunst des Gedankenlesens eine optimierte Zusammenarbeit von nüchternem Beobachten, logischem Denken und intuitiven Erfassen. Übe dich in diesen Grunddisziplinen, bis deine Fertigkeit und Geschicklichkeit darin die der anderen überragt.

5. Das direkte „paranormale“ Gedankenlesen ist sehr schwierig, aufwendig und auch weitaus unsicherer in den Resultaten. Du solltest es ausschließlich in deinem eigenen Kraftbereich üben und anwenden und äußerst penibel und vorsichtig sein. Die Essenz dieser Methode besteht darin, alle fremden Einflüsse zu eliminieren und die Person, die du anzupeilen gedenkst, so gut wie möglich zu kennen und identifizieren zu können. Mache deinen Geist leer, werde ein ganz und gar passiver Beobachter, ein aufnehmendes Bewußtsein und filtere die Wahrnehmung der Gedanken deines Opfers aus den übrigen Wahrnehmungen heraus. Diese Methode ist aufgeführt, weil sie funktioniert. Sie ist jedoch keineswegs und für niemanden zu empfehlen. Es bedarf eines langen, sehr langen Vampyr-Daseins, um sie korrekt und ohne Gefahren auszuüben.

D) Die Kunst der Schnelligkeit und Kraft

1. Nichts könnte einfacher sein. Und wird doch nur in den seltensten Fällen erkannt und trainiert. Schnelligkeit und Kraft stellen sich ein, wenn sie mit Intelligenz und Klarheit geübt werden. Wenn du deinen Körper kennst, weißt du, wie du ihn bewegen mußt, daß seine Bewegungen flüssig und entspannt sind und wie du die Geschwindigkeit steigern kannst.
2. Übe dich in Hatha-Yoga, Tai Ch´i, Qi Gong oder Kung Fu. Zu wissen, wie du deine Kraft effizient anwenden kannst, erhöht sie ums Vielfache.
3. Außerdem wende deine körperlichen Kräfte und Talente wohldosiert und publikumswirksam an. Wenn du z.B. mit dem Zeige- und Mittelfinger einer Hand zwanzig Klimmzüge machen kannst (und jeder lernt es innerhalb von vier Wochen, tägliche Übung vorausgesetzt), dann bist du in der Lage mit einer katzenähnlichen Eleganz und Schnelligkeit Mauern und Regenrinnen zu erklettern, die Beobachter in ängstliches Staunen versetzt, vor allem, wenn du nachts in schwarzer Kleidung solche Akrobatik veranstaltest.

E) Die Kunst der Verführung und Verzauberung

1. Dein Erfolg in dieser Kunst ist abhängig davon, ob du die Person, die du verführen willst, in ihrer Beeinflußbarkeit richtig beurteilst. Alle Menschen sind verführbar, aber jeder reagiert auf andere Schlüsselreize. NLP ist auch hier eine unschätzbare Hilfe.
2. Alles hängt davon ab, ob du die richtigen Schlüssel benutzt. Situation, Zeitpunkt, deine Selbstdarstellung müssen zueinander passen.
3. Hollywood-Filme können dich lehren, welcher Schmuck, welche Kleidung, welches Make-up, welcher Gesichtsausdruck zu den verschiedenen Charakteren paßt und wie diese auf andere wirken.
4. Besonders übe dich im bewußten Einsatz deiner Augen und deiner Sprache. Der „Command to look" ist eine grundlegende Methode, um Autorität und Stärke zu erlangen und zu demonstrieren. Es handelt sich dabei nicht um ein geistloses, irrsinniges Hinstarren, sondern um die Fähigkeit, jemanden davon zu überzeugen, daß er dir jetzt und hier seine Aufmerksamkeit widmen sollte.
5. Schau nicht zu oft, nicht zu wenig, nicht zu kurz und nicht zu lange. Deine Augen, die Fenster der Seele, können Funken deiner Energie übertragen. Vor allem dann, wenn die betreffende Person angespannt und hektisch ist und ihre Augen rastlos sich umher bewegen. Schau sie interessiert, liebevoll, aufmunternd an, und ihre Augen werden an dir haften bleiben.
6. Eine ermüdete, gelangweilte Person, die in ungewollte Trägheit und Öde zu sinken scheint, richte wieder auf, indem du Kraft, Feuer, heißes Interesse in deine Augen legst.
7. Es sind die Umstände und Gegebenheiten, die die Parameter für jede deiner Handlungen stellen. Wenn du diese übersiehst oder mißachtest, wirst du lediglich zufällige Erfolge haben, welche zu den gefährlichsten gehören. Auf jeden

Fall sei dir immer klar darüber, was du gerade tust. Laß dich nicht von deiner Absicht dazu verleiten, auf dich selbst hereinzufallen.

8. Die Sprache ist eine andere sehr mächtige Kraft. Eine vollständige Kontrolle über seine Stimme verleiht dem Sprechenden geradezu magische Macht. Das Training der Stimme und Aussprache ist eine sehr feine und komplexe Angelegenheit. In der Regel wirst du in jeder größeren Stadt öffentliche Sprach- und Sprechkurse besuchen können.

9. Die magische Tradition kennt ebenfalls wirksame Techniken, Tiefe und Volumen im sprachlichen Ausdruck zu gewinnen, z.B. die mit Vokal-Intonation verbundene Runengymnastik (bei Spiesberger), das Japa (ständige Wiederholung eines Wortes oder Klanges) der Mantra-Yogis. Übe dich zunächst einfach darin, die Vokale lang, laut und deutlich aussprechen zu können und kombiniere sie dann mit den verschiedenen Konsonanten. Das laute Vorlesen von Gedichten (mit und ohne Korken im Mund) wird dir ebenfalls helfen, zu verstehen, was eine machtvolle Stimme bewirken kann.

Noch viele andere Geheimnisse und Kräfte sind dem Vampyr zu eigen. Vielleicht wirst du sie selbst entdecken, wenn du deine dunklen Schwingen angelegt hast und zum Flug der Freiheit durch die Schönheit der Nacht gewappnet bist. Dann erinnere dich stets an das Motto der Brüder der Finsternis: Surf, not serve!“

Totentanz des Lebenden

**Tanze! Tanze! Tanze den Totentanz der Wirklichkeiten!
Lasse sich verzehren, was den Status
der Bedingtheit nicht ertragen kann.
Nähre das Feuer mit dem Trockenholz
der Glaubensbäume.
Und tanze! Tanze um den Flammenturm
den Totentanz des Lebenden.**

Das Quanten-Trigrammaton

Ein theoretischer und praktischer Versuch, dich dazu zu bringen, weniger heilig und dafür mehr Mensch zu sein.

Wir beginnen dort, wo die meisten Esoteriker sich erleuchtet glauben, und demonstrieren, wie der Einzelne durch bewußte und intelligente Differenzierung seines Bewußtseins sich Schritt für Schritt von inneren und äußeren Fesseln zu lösen vermag. Und lassen ihn einsam und sich selbst überlassen in seiner erreichten Freiheit zurück.

„Das Ganze ist ein Heidenspaß und heißt: Leben.
Das Geteilte ist ein Abenteuer und heißt: Freiheit."

Eshu Nox

Kun – Erde

Ebene 1:

Als Beobachter der Inhalte meines Geistes (Gedanken, Gefühle, Emotionen Empfindungen, Assoziationen) bin Ich mehr als die Inhalte meines Geistes

Zeuge-Sein: Beobachten, Wahrnehmen.

Prozeß der Disidentifizierung als erster Schritt in Richtung eines Quantenbewußtseins. Synonyme: Selbstreflexion (Philosophie)/ Disidentifikation (Psychosynthese)/ Selbstbeobachtung (Gurdjieff)/ Achtsamkeit (Za-Zen)

Lerne, wie du deine innere Erfahrung beobachten kannst anstatt mit ihr zu verschmelzen oder von ihr aufgezehrt zu werden. Erfahre, mehr zu sein als das, was dich beunruhigt. Schaffe Distanz zwischen Beobachter und Beobachtetem. Erfahre so dein Selbst als mehr und größer als die Wellenberge des Geistes. Alles, was du beobachten kannst, kannst du hinter dir lassen. Du kannst lernen, ein Ereignis willentlich auch anders zu erfahren und so deine Reaktionen darauf frei zu wählen.

Disidentifikation, Zeuge-Sein schafft die Freiheit, eine Emotion zu erfahren oder nicht zu erfahren – freie Wahl im Gegensatz zur Dissoziation, bei der du eine Emotion vermeidest, also nur *nicht* erfahren kannst → Selbstflucht, aus einem Trauma geboren.

Quantenbewußtsein wird aus freier Wahl geboren.

Übungen:

Gedanken werden definiert als Wellen (Vritti) des Geistes. Eine Gedankenwelle taucht auf, bleibt einen Augenblick im Geist und klingt dann wieder ab. Darauf folgt eine weitere Welle. (Patanjali, Yoga-Sutra)

1. Schließe sanft die Augen und beobachte deine Gedanken. Achte darauf, daß es dort, wo ein Gedanke abtaucht, einen Raum gibt, bevor der nächste Gedanke auftaucht. Bleibe mit deiner Aufmerksamkeit in dem Raum zwischen den beiden Gedanken.

2. Ähnlich wie 1. Doch frage dich und beobachte: „Woher kommt dieser Gedanke?" Achte auf den Raum vor dem Gedanken.

3. Wenn ein Gedanke auftaucht, frage dich: „Für wen taucht dieser Gedanke auf?" Auf die Antwort: „Für mich", stelle die zweite Frage: „Wer ist dieses Ich?" Achte auf das Heben und Senken des Atems, während du auf das Heben und Senken der Gedanken achtest.

Wenn wir uns mit jedem Gedanken identifizieren, fahren wir in einer emotionalen Achterbahn. Durch das Zeuge-Sein nehmen wir immer mehr Unruhe aus unserer täglichen Erfahrung heraus.

4. Wenn ein Gedanke auftaucht, frage: „Wer bezeugt?" Antwort: „Das tue Ich."

5. Wenn ein Gedanke auftaucht, mache ihn zu einem Objekt und beobachte ihn. Mache die Gedankenwelle zu einem Gedankenteilchen und beobachte es. Tue dies mit jeder Art von Erfahrung. Sei Zeuge.

Ch'en – Bewegung

Ebene 2:

Das Universum besteht aus Energie.

E-motion = nach außen gerichtete Bewegung = Energie

Emotionen sind etikettierte und dadurch am freien Fluß gehinderte Energien. Ent-Etikettieren von Gefühlen, Emotionen neu in Bezug setzen und einfach als Energie wahrnehmen/erfahren.

Gefühle ohne Etikett zulassen, nicht verändern. Absichtsloses Tun.

Dies ist die Ebene emotionaler Basis-Arbeit.

Lerne den Umgang mit deinen schöpferischen Kräften und Energien. Gefühle (gleich welcher Art) sind das, was rauskommt, wenn du undifferenzierte Energie individuell behandelst. Emotionen sind wie Gedanken-Identifizierungen. Nimm die Etiketten und Identifizierungen weg und du kannst alles als Energie erfahren und später lernen, kreativ mit dieser Energie zu verfahren.

Übungen:

Schließe sanft deine Augen und beobachte den Atem, wie er aufsteigt beim Einatmen, wie er absteigt beim Ausatmen. Dann achte auf den Raum zwischen den Atemzügen:

Einatmen...Raum...Ausatmen...Raum...Einatmen... etc. Der Raum ist immer derselbe.

Übungen zur Transformation von E-motionen - Beispiel: Furcht

1. Rufe dir eine Sache oder Erinnerung ins Gedächtnis, bei der du dich ängstlich fühlst.

2. Gestatte der Furcht, sich zu manifestieren, dazusein, sich auszuweiten.

3. Achte darauf, wo in deinem Körper die Furcht auftritt. Achte auf ihre Größe und Form.

4. Ziehe deine Aufmerksamkeit von der Ursache, wegen der du dich ängstlich fühlst, fort.

5. Richte deine ganze Aufmerksamkeit auf die Energie der Furcht.

6. Ent-etikettiere die Furcht, sehe sie, erfahre sie als Energie, laß sie zu und verschmelze mit ihr.

Desgleichen tue mit anderen Emotionen: Trauer, Ärger, Eifersucht, Wut, sexuelle Erregung u.a.

Dies ist die Essenz des Tantra. Energie erfahren und dadurch eine „Erweiterung des Wissens" erreichen. Emotionen sind Energie. Und wenn es keine negativen Gefühle gibt, kann es auch keine positiven Gefühle geben und vice versa.

Alles ist reine Energie. Gefühle können daher nur stark oder schwach, offen oder halbherzig sein. Hört, ihr Skydancer!

Kan – Mühe

Ebene 3:

Der Beobachter ist der Schöpfer sowohl des Teilchen- als auch des Masse-Aspekts des Universums.

'Null gibt der Existenz die Möglichkeit zu sein.' Unsere Wahrnehmung erschafft unsere Wirklichkeiten. Daher ist unsere Persönlichkeit, inneres Selbst nur eine falsch verstandene Identität, oder eine ungewollte oder ungeschickt angefertigte Identität.

Wird die undifferenzierte Energie in Ch´en „gebrochen", so entsteht daraus eine feste, masse-ähnliche Struktur, z. B. ein Teil deiner Persönlichkeit. Ent-etikettiere also deine Emotionen und etikettiere die ganze Energie neu, spielerisch und gewollt. Entdecke so, daß du durch deine Beobachtung deine innere Erfahrung, dein Subjektives Universum erschaffst.

Etikettierte Energie ist immer ein Masse-Aspekt deiner Persönlichkeit. Differenziere und spiele mit gegensätzlichen Teilchen (Gefühlen). Wirklichkeit ist das, womit der Beobachter verschmilzt. Das ist das Vergessen, daß du der Beobachter bist. Doch vor jedem vollendeten Wissen gibt es einen „lebendigen Nullpunkt", die kalte Leere des freien Willens, deine Entscheidungsmöglichkeit. Achte auf den Raum hinter den Emotionen und Gedanken und löse die Grenzen zwischen dir, dem Raum und den Etiketten. Spiele intelligent und erfahre deinen freien Willen.

Übungen:

<u>1.</u>

Entdecke den Raum.

Wähle zwei Objekte und schau sie eine Zeitlang abwechselnd an. Dann achte auf den leeren Raum zwischen ihnen und dir.

<u>2.</u>

Erlaube dir, ein Gefühl zuzulassen, das du gerade erfährst.

2.1. Beobachte absichtlich das Gefühl. Achte auf Gestalt und Größe des Gefühls.

2.2. Verschmelze mit dem Gefühl und erfahre das Innere seiner Gestalt. Achte auf deine Erfahrung der Gestalt und den Unterschied, es zu beobachten.

2.3. Trete heraus und achte darauf, wie sich deine Erfahrung verändert.

2.4. Siehe, daß das Teilchen (Gedanke oder Gefühl) aus Energie besteht.

2.5. Mach dir klar, daß es sich nur um ein Bläschen oder Teilchen handelt, das du selbst geschaffen hast. Du bist es nicht wirklich.

2.6. Sieh das Teilchen als Energie und lasse es tun, was es tut.

<u>3.</u>

3.1. Schließe sanft deine Augen und achte auf den Raum hinter den Augen.

3.2. Achte darauf, ob etwas in diesem Raum auftaucht (Gedanke, Gefühl, Phantasie).

3.3. Achte ganz sanft auf die Gestalt dieser Erinnerung (Teilchen).

3.4. Erweitere dein Bewußtsein und schließe in deine Beobachtung den Raum mit ein, der das Teilchen (die Gestalt) umgibt.

3.5. Achte darauf, daß man es als durch den Raum schwebendes Teilchen betrachten kann.
3.6. Erschaffe dieses Bild absichtlich mehrere Male. Entdecke, wie der Beobachter die Erfahrung beeinflußt.

Ken – Schutz

Ebene 4:

Du bist der Beobachter (Schöpfer) des Zeitaspekts im Bewußtsein.

Das Erschaffen des Zeitkonzepts als lineare Abfolge von Ereignissen ist ein Verschmelzen mit der Idee von Ursache und Wirkung.

Die freie Wahl, die auf Ebene 3 erfahren wurde, verliert sich wieder längs einer imaginären Zeitachse. Deine Freiheit zu entdecken, heißt auch, deine Verantwortung für früher gemachte Erfahrungen zu übernehmen. Jedes Problem ist ein im Raum schwebendes Teilchen mit einer Geschichte. Gelange einfach jenseits der Identifikation mit diesen Teilchen (Kan), und du löst dich vom Rad der Zeit (Karma-Programme). Vergangenheit, Gegenwart und Zukunft sind im holographischen Kontext Projektionen der spielerischen Schöpfungsfähigkeiten des Bewußtseins.

Frage: Wenn du Erinnerungen, Gedanken oder Assoziationen, Gefühle nicht einsetzt, bist du dann in der Zeit, außerhalb der Zeit oder keines von beiden? Die Welt ist nach Bohm ein Einfalten und Entfalten von Energie, Masse, Raum und Zeit. Wer faltet?

Wenn du dich also von einer (selbstgeschaffenen) Erfahrung der Zeit entfernst (löst), bringt dich das weg von jeder eingefrorenen Erfahrung (Identifikation), von jeder in der Zeit eingeschlossenen Begrenzung (dem Vergessen deiner Freiheit).

Übungen:

1.

1.1. Achte auf einen vorübergehenden Gedanken.

1.2. Kennzeichne den Anfang des Gedankens mit „Anfang“.

1.3. Kennzeichne den intensiven Teil der Erfahrung mit „Mitte“.

1.4. Kennzeichne das Ende mit „Ende“.

Tue desgleichen mit verschiedenen Gedanken, Gefühlen, Erinnerungen.

2.

2.1. Achte auf ein vorbeikommendes Gefühl und sehe es als Energie.

2.2. Kennzeichne den Anfang des Gefühls, Gedankens mit „Anfang“ ,während du das Gefühl, den Gedanken als Energie siehst.

2.3. Kennzeichne den intensiven Teil der Erfahrung mit „Mitte“, während du das Gefühl, den Gedanken als Energie siehst.

2.4. Kennzeichne das Ende mit „Ende“, während du das Gefühl, den Gedanken als Energie siehst.

3.

Schau in einen Spiegel und sei der Beobachter. Achte darauf, daß dieser Mensch sich mit der Zeit verändert hat. Achte darauf, daß du dich selbst als unverändert beobachtest, erfährst, wenn du deine Erinnerung nicht einsetzt.

4.

Meditiere tief und viele Jahre lang auf Saturn.

Tui – Lust

Ebene 5:

Jenseits des Raumaspekts des Bewußtseins.

Damit etwas (Gedanken, Gefühle, etc.) existieren kann, muß es einen Raum geben, in dem es existieren kann.

Da du der Schöpfer deiner Erfahrungen bist, mußt du auch den Raum erschaffen haben, in dem diese Erfahrungen existieren.

Du bist der Schöpfer des Hintergrundes, vor dem die Dinge existieren. Und du bist der Schöpfer des Raums, der existieren muß, bevor die Dinge darin existieren können. Entdecke wieder den Raum, die Leere vor den Dingen. Die Möglichkeit, Dinge immer als frisch, wie beim ersten Mal zu sehen, vor jeder Beurteilung. Das ist der Geist des Anfängers, die Praxis des Zen-Geistes. Die Wirklichkeit besteht aus einem Raum voll pulsierender Felder. Es geht darum, diesen Raum überall wahrzunehmen und dadurch die physischen Grenzen (Stofflichkeit, Zeit) durchlässig zu machen für einen Kontext, der unsere Freiheit vergrößert. Alles, was existiert, hat einen Kontext im Raum. Wenn du im Alltag von einer Situation oder Person verunsichert wirst, übersiehst du einfach den Raum, in dem es geschieht, und das entsprechende Ereignis wird zu einem festen Teilchen, zu Masse. Das Anerkennen und Wahrnehmen des Raumaspekts gibt dir die Freiheit der ersten vier Ebenen auch in der äußeren Welt. Tui bedeutet Freude, Lust. Zu erkennen, daß du mit einem Menschen einen Raum teilst, ist *Freude*.

Übungen:

1.

Wiederhole Übung 1. von Ebene 3.

2.

Richte deine Aufmerksamkeit auf den Raum am Ende eines Wortes, eines Satzes, einer Stimme oder eines Geräusches.

3.

3.1. Lasse die Augen zufallen, sehe den Raum.

3.2. Öffne die Augen und sehe die stofflichen Dinge.

3.3. Während du die äußeren Formen ansiehst, halte einen Teil der Aufmerksamkeit auf den Raum gerichtet. Schließe eine Sekunde lang die Augen, sehe den Raum. Und wenn deine Augen offen sind, sehe die äußere Welt.

4.

Betrachte einen Gedanken, eine Emotion, ein Ding, als ob du es das erste Mal sehen würdest.

5.

„Stelle dir deinen Körper als leeren Raum vor." (Singh)

6.

Verschmelzender Raum.

6.1. Achte auf den Raum zu deiner Linken.

6.2. Achte auf den Raum zu deiner Rechten.
6.3. Achte auf den Raum unter dir.
6.4. Achte auf den Raum über dir.
6.5. Achte auf den Raum vor dir.
6.6. Achte auf den Raum hinter dir.
6.7. Achte auf den Raum außerhalb deines Körpers.
6.8. Achte auf den Raum in deinem Körper.
6.9. Sehe, daß der innere Raum und der äußere Raum derselbe Raum ist. Viel Spaß!

Li – Licht

Ebene 6:

Du befindest dich jenseits der Aspekte von Energie, Masse, Zeit und Raum.

Alles ist Form, und Form ist verdichtete Leere. (A. Einstein)

Alles durchdringt alles andere. (D. Bohm)

Form ist nichts anderes als Leere, Leere ist nichts anderes als Form. (Buddhistisches Herz-Sutra)

Dies ist die Ebene der Unio Mystica. Jede Art von Erfahrung (die stets eine individuelle Angelegenheit ist) ist nur möglich durch einen Unterschied (und den dadurch erhaltenen Kontext). Individuelles Dasein bedeutet ewigen Konflikt, welchen die Buddhisten durch Beenden individuellen Begehrens zu beenden suchen.

Erlebe, erkenne die Unterschiedslosigkeit aller Formen von Existenz. Auf den ersten fünf Ebenen hast du die verschiedenen Aspekte der Energie, Masse, Zeit, Raum kennengelernt. Nun erkenne und erfahre diese verschiedenen Aspekte, jede Art des Seins und Bewußtseins als gleichermaßen verdichtete Leere (oder Quantenfeld etc.). Beende dein Streben nach einem getrennten Selbst, das ein idealisiertes Bild eines seine Freiheit fürchtenden Willens ist. Es ist an der Zeit zu realisieren, daß ein freier Mensch die Verschmelzung, das Samadhi, die völlige Auslöschung seines Ego-Bildes meistern muß, um es überwinden zu können, um sich aufzuschwingen zu neuen Arten des Lebens, zu neuen Formen der Existenz, zu neuen Festen unter dem wollüstigen blauen Nachthimmel.

Übungen:

Werde Yogi. Erlange Samadhi durch Konzentration auf gegensätzliche Ideen oder Gegenstände. Alles ist eins.

Sobald sich ein Quantenfeld oder die Leere verdichtet, entsteht eine Erfahrung (Existenz) oder ein Erfahrender (Individuum).

Mit geschlossenen Augen

1. Lasse eine schmerzliche Erinnerung in die Leere hinter deinen Augen kommen. Achte auf Gestalt und Größe des Bildes.
2. Werde eins mit diesem Bild, erfahre es ganz.
3. Achte auf die Leere, die das Bild umgibt.
4. Beobachte, daß das Bild aus verdichteter Leere besteht.
5. Verdichte die Leere und mache sie zu dem Bild.
6. Dünne das Bild aus und mache es zu verdichteter Leere. Tue das so oft, bis du das Gefühl hast, das Bild sei neutralisiert.
7. Mache dir klar, wer all das Verdichten und Ausdünnen der Leere vollbracht hat.

Kehre zurück zur de-konstrukten Substanz, der Leere. Von dort aus lerne, neue, eigene Schritte zu tun. Alles andere ist Mind-Fuck.

Sun – Same

Ebene 7:

Der Beobachter ist die Beobachtung.

Du bist mehr als der Beobachter und Schöpfer deiner Erfahrung. Du bist deine Erfahrung. Im Klartext heißt das: es existiert keine objektive, externe Wirklichkeit innerhalb deiner Erfahrung, nicht einmal als Auslöser oder Ursache. Du bist vollständig und ungebrochen ein eigenes, selbst-existentes Subjektives Universum. Ebene 6 muß klar und vollständig erfaßt sein, um den Quantensprung zu Ebene 7 zu vollbringen. Diese Ebene ist das endgültige Ende des Sich-Selbst-Täuschens und des Nach-Außen-Projizierens ⇒ die Ebene der *Saturn Gnosis* (Setamorphose). Der Beobachter und das Beobachtete tauchen zusammen auf und lösen sich auch wieder gemeinsam in nichts auf.

Das ergibt den Zustand der Zustandslosigkeit.
Es gibt keine Wirklichkeit ohne Beobachtung.
Es gibt keinen Denkenden, nur Denken.
Es gibt keinen Fühlenden, nur Fühlen.
Dies ist das Herz des tantrischen Buddhismus.
Das Zentrum des Sri Yantra.
Maha Ati. Mahamudra. Ham So.

Übungen:

1.

1.1. Achte auf eine Erfahrung.
1.2. Achte auf den Beobachter der Erfahrung.
1.3. Achte auf den Unterschied zwischen dir und dem Beobachter.
1.4. Lasse es zu, daß der Beobachter und das Beobachtete gemeinsam auftauchen und abtauchen.
1.5. Achte auf das „Kein-Du"-Du, das während des Auftauchens und Abtauchens anwesend ist.

2.

2.1. Achte auf einen vorbeikommenden Gedanken.
2.2. Kehre deine Aufmerksamkeit um und versuche herauszufinden, wer den Gedanken denkt. Mache dir klar, daß es niemanden gibt.
2.3. Achte darauf, daß es keinen Denker gibt – nur das Denken. Der Denker ist das Denken.
2.4. Der Denker und das Denken sind eins.

Tue desgleichen mit einem Gefühl, einer Erinnerung, irgendeiner Wahrnehmung, und nacheinander mit allen fünf Sinnen.

Es ist die Vorstellung dessen, wer und was wir sind, die uns trennt von dem, wer und was wir sind. „Feile beständig die Mauer ab, die das, was du wahrnimmst, trennt von dem, was du vermagst." (Vincent van Gogh)

Chien – Himmel

Ebene 8:

Es gibt keine Ebene 8.

„Der Geist ist frei vom Geist." (Dalai Lama)

„Wir sind zur Freiheit verurteilt." (Satre)

Du hast festgestellt, daß du als Beobachter deiner Erfahrung mehr bist als diese: **Kun – Erde**

Du hast erfahren, das deine Erfahrung (das Universum, Gedanken, Gefühle) aus Energie besteht: **Ch´en – Bewegung**.

Du hast erkannt, daß der Beobachter die Teilchen (den Masse-Aspekt) der Erfahrung erschafft: **Kan – Mühe**.

Du hast erkannt und erlebt, daß die Zeit ein von dir erschaffener Aspekt deiner Erfahrung ist: **Ken – Schutz**.

Du hast erkannt und erfahren, daß du den Raum, in dem du beobachtest, ebenfalls erschaffen hast: **Tui – Lust**.

Du hast erkannt und erlebt, daß Getrenntheit eine von dir selbst erschaffene Erfahrung der Leere ist: **Li – Licht**.

Du hast erkannt und erlebt und realisiert, daß du der Gott deines Universums bist, und daß nichts existiert, das nicht du bist: **Sun – Same**.

Und jetzt? Laß dir was einfallen!
Du bist der Schöpferische Himmel.
Erschaffe den Einmaligen. Werde!

Xeper

Existenzdenken und satanistische Philosophie

Die Ideen der satanistischen Philosophie zeigen gewisse Parallelen zu jener akademisch-philosophischen Lehre, die als „Existentialismus“ in diesem Jahrhundert u.a. durch Sartre und Heidegger bekannt wurde und starken Einfluß auf die Intellektuellen und Künstler Europas ausgeübt hat. Die Grundzüge dieser Philosophie entstanden jedoch in der ersten Hälfte des 19. Jahrhunderts als sogenannte „Existenzphilosophie“, die eine individuelle Leistung des Dänen Sören Kierkegaard war.

Kierkegaard war ein weltscheuer Individualist, ein Phänomen, das zu jener Zeit begann, nicht nur Psychopathen zu befallen. Das lag zum Teil an der allgemeinen sozialpolitischen Unruhe jener Zeit, war unter den Gebildeten aber vor allem eine Folge des philosophischen Werkes des deutschen Idealisten Hegel. Hegels Lehre von der Einheit des Endlichen und Unendlichen (Mensch und Welt), des Weltgeistes, des ideellen Geschichtsprozesses verdeutlichte in aller Klarheit, was es den Einzelnen kostete, Werkzeug zu sein bei der Verwirklichung des Weltgeistes. Nämlich dessen Entfremdung von sich selbst; seine Individualität, sein Selbstsein vom Weltgeist verschlingen zu lassen.

Kierkegaard war ein begeisterter Hegelianer, doch mußte er die von vielen seiner Zeitgenossen geteilte Erfahrung machen, daß solche großartig errichteten ideellen Systeme (wie sie u.a. Hegel vorlegte) nicht wirklich zu leben waren. Er verglich das spekulative System mit einem ungeheuer fein errichteten Schloß, in dem man nicht leben könne, sondern sich mit der anliegenden Scheune begnügen müsse. Es waren enttäuschte Idealisten, die den Idealismus zu Fall brachten, der das verloren hatte, woraus er eigentlich hervorgegangen war: Humanität – die Würdigung des Einzelnen. Was Kierkegaard bestürzte und worauf sich sein philosophisches Denken richtete, war die Tatsache der Entfremdung des Einzelnen von sich selbst. Er verwarf daher sein von Hegel und Schelling übernommenes rein spekulatives Prinzipiendenken und betonte stattdessen das Sich-Selbst-Erleben, die Lebenswirklichkeit, die Reflektion von „unten nach oben“ statt der Spekulation von „oben nach unten“ als unverzichtbar für das Nachdenken über das Wesen des Menschen.

Kierkegaards Philosophie basiert auf der Trennung von Idee und Existenz, von Weltgeist und Mensch, die bei Hegel noch eine Einheit bilden. Im Hegel´schen Idealismus ist der subjektive Geist des Einzelnen das an das Wesen der Persönlichkeit gebundene Ausdrucks- und Erfassungsmittel des überindividuellen objektiven Geistes. Den Einwand, daß doch jeder auch seine Eigengesetzlichkeit habe, weist Hegel spöttisch zurück, indem er erklärt, daß jede Eigengesetzlichkeit nur scheinbar sei, eine „List der Vernunft“, mittels deren sämtliche Individuen zu Werkzeugen der Idee, des Weltgeistes würden. (Die Vorstellung von Maya, dem Schleier der Illusionen, wird hier, man ist geneigt zu sagen „typisch deutsch“, noch praktisch ausgedeutet.) Diese Vorstellung beherrschte die preußische Weltanschauung und war jahrzehntelang eherner Bestandteil des Schulunterrichtes und seiner Ausrichtung.

Indem Kierkegaard aber die Idee von der Existenz trennte, teilte er auch den objektiven Geist vom subjektiven Geist und bezeichnete die Einheit von Existenz und subjektiven Geist als „Subjektivität“, ein Schlagwort auch der Satanistischen Philosophie wie deren Antithese, die „Objektivität“. Der Hegel´sche Weltgeist-Zusammenhang bricht bei Kierkegaard zusammen, und somit besitzt der Einzelne nun sowohl subjektiven Geist als auch Existenz. D.h. das geistige Vermögen des Einzelnen richtet sich zur Gänze auf seine Subjektivität, seine bewußte, eigene Existenz. Er wird – aus dem Plan der Weltgeschichte herausgetreten – sich seiner Selbst bewußt.

Dieses eigene Selbst unterscheidet sich deutlich von der Person, als die das Individuum bisher wahrgenommen und definiert wurde. Die Person ist lediglich eine Maske zur legitimierten Teilhabe an der Gesellschaft, durch die sie sich definiert. Persona war den Römern ein Begriff um die Rolle des Einzelnen, seine Stellung, seinen Rang, sein Vermögen, seine sozialen Rechte zu bestimmen. Für Hegel ist die Person das Individuum schlechthin. Es hat Rechte und unterliegt Rechten; das Ausmaß des Willens der Person, seiner äußeren Freiheit, entspricht seinem Privateigentum und seiner gesellschaftlichen Wertigkeit.

Kierkegaard jedoch definiert den Einzelnen als „der vor Gott seiner selbst bewußte, persönliche Geist“. Nicht in Gott oder mit Gott, sondern vor Gott! Das Individuum ist nur mit sich selbst identisch als der, der er ist und zu sein hat, dem nichts die Last seiner Existenz abnimmt. Die „Synthese des Endlichen und Unendlichen“ ist nicht mehr der sich im Geschichtsprozeß durch den Einzelnen verwirklichende Weltgeist, sondern der individuelle Geist, der eine eigene Lebensgeschichte hat und verwirklicht. Die Objektivität gewinnt in diesem Konzept eine neue Bedeutung: sie wird zum Inbegriff aller Möglichkeiten der Selbst-Entfremdung. Die Objektivität steht dem Selbst gefahrvoll gegenüber. Sie droht das Individuum zur Persona zu degradieren. Sie gefährdet das Selbst, sich von sich selbst zu entfremden, außer sich, statt bei sich zu sein. Das Geschehen jedoch, das über Sein und Nichtsein des Selbst entscheidet, vollzieht sich innerhalb der Subjektivität, auf die der Geist einzig und allein konzentriert ist. Das Selbst wird bedroht, doch nicht beherrscht, ist sich selbst überlassen.

Das Selbst ist seiner selbst bewußt und damit seiner Situation. Es nimmt wahr, daß es existiert und was es ist und was es nicht ist. Und erkennt seine Situation: es ist ins Nicht-Sein geworfen, von Nicht-Sein umgeben und bedrängt. Das Selbst wird von „Existenz-Angst“ gepackt, von der Angst, im Nicht-Sein sich zu verlieren, aufgelöst zu werden. Doch kraft dieser Angst, durch das Erkennen seiner Situation, wird es zur Erhaltung seiner selbst getrieben, also zum Sein. Kierkegaard spielt hier mit der Dialektik von Sein und drohendem Nicht-Sein als den Antipoden des Selbst.

Kierkegaard hält es schließlich für möglich, daß sich das Selbst auf der höchsten Stufe seiner Entwicklungsgeschichte von der Objektivität (Entfremdung des Selbst) vollkommen zu isolieren vermag. Doch dazu bedarf es eines Glaubenssprunges zum göttlichen, daher seienden Geist, wie er in Jesus manifestiert ist, dessen Sein Vorbild ist, daß die individuelle Existenz vollständig ins Sein zu gelangen vermag, Frieden findet vor der Bedrohung des Nicht-Seins.

Was Kierkegaard weiter zur Entwicklungsgeschichte des Selbstes zu sagen hat, wurde treffend als „evangelische Dialektik" bezeichnet. Der Däne war stark beeindruckt von jener im 19. Jahrhundert in Nordeuropa einsetzenden Erwekkungsbewegung, dem sogenannten Neupietismus, die eine eher johannäische (gnostische) denn paulische (religiöse) Jesu-Lehre verkündete. Klipp und klar gesagt: der Mensch entscheidet selbst (durch Erkennen des göttlichen Geistes in ihm), ob er zu Gott errettet wird oder nicht. Daran sich anlehnend verlegte Kierkegaard das Heilsgeschehen in die Subjektivität (der auf seine eigene Existenz gerichtete subjektive Geist) und schmuggelte damit Objektivität (göttlichen Geist) mit hinein. Er stellt das anders dar: das Selbst, das sich selbst freiwillig in die Objektivität verstrickt, sich dem Nicht-Sein ausliefert und Angst erlebt, wird von seinem Sein *wieder*geholt. Eigentlich errettet oder erlöst, von Jesu, dem dargebotenen Sein göttlichen Geistes. Kierkegaard strapaziert seine eigene Philosophie äußerst stark, um ein bißchen Hoffnung zu wahren. Nüchterner gesehen scheint das Selbst irgendwann das dialektische Spielchen zu durchschauen, Stolz zu entwickeln und bleibt Sein.

Das Wechselspiel des Selbst zwischen Sein und Nicht-Sein prägt ihm den Charakter des Werdenden auf, das sich immer in einer bestimmten *Situation* befindet. Diese Situation gibt wieder, was das Selbst vom Ewigen im Zeitlichen verwirklicht hat. Eine grundlegend satanistische These. Der Satanist erkennt sich als das, was durch seinen Willen ins Dasein gelangt ist. Seine Existenz ist eine unwiederholbare, einzigartige, eigene Lebensgeschichte; sein Selbst die Verwirklichung seines subjektiven Geistes, sein subjektives Universum ist seine eigene Schöpfung, und seine Macht entspricht dem Anteil an Willen in seiner Selbst-Schöpfung.

Kierkegaard entdeckte den Zauber und schließlich den Schrecken der Subjektivität, trennte das Individuum vom Weltgeist, von Gott und Kosmos und – bekam Angst. Seine Existenzphilosophie wandelt sich zur Existenztheologie, dem Versuch, das Selbst von seiner (in der Trennung wurzelnden) Existenzangst zu befreien, indem es Hilfe von außerhalb seiner Selbst erhält und schließlich den vollen, ungefährdeten Seins-Zustand verwirklicht. Das Nicht-Sein verliert seinen bedrohlichen Charakter, und man fragt sich, wie Kierkegaard die verkündete Trennung zwischen Subjektivität und Objektivität aufrechterhalten will. Antwort: Gar nicht. Seine Existenzphilosophie lehrt nicht ewiges Werden, sondern das Löschen der Schwarzen Flamme, das Erreichen eines vorgezeichneten Ziels.

Kierkegaards lutherisch-christliches Weltbild, in dem er aufgewachsen ist, drängt ihn auch dazu, die Entweder-Oder-Radikalität zwischen Sein und Nicht-Sein moralisch umzumünzen in die freie Wahl zwischen Himmel und Hölle. Der reinen Existenz sowohl der Subjektivität wie der Objektivität legt er bestimmte moralische Werte bei, die das Bewußtsein des Selbst bestimmen.

Aus satanistischer Sicht ist das Universum neutral. Im objektiven Universum existieren keine Werte noch ein bewertendes Bewußtsein, während im subjektiven Universum das *Self* der Schöpfer und Träger seiner eigenen Werte und seiner Ethik ist.

Dem Menschen eine individuelle, subjektive Existenz zuzusprechen, war die große Leistung Kierkegaards, dessen Gedanken zu Natur und Wesen des Selbst großen Einfluß ausübten auf den Psychotherapeuten Karl Jaspers. Als praktizierender Therapeut und einfühlsamer Beobachter kannte er die problematische Existenz-Situation des Einzelnen aus unmittelbarer Nähe.

Nach Jaspers maskiert sich das Selbst (erkennend, daß es ins Nicht-Sein geworfen und auf sich selbst bezogen, subjektiv ist) als Person, bleibt so dem Patienten verborgen. Die Aufgabe des Therapeuten besteht nun darin, die dem Patienten eigentümlichen Möglichkeiten aufzudecken und herauszubringen (anhand einer typisierten Karte psychischer Kräfte oder „Ideen") , um dem Einzelnen seine Innenwelt und seinen Bewußtseinszustand zu erhellen. Die Heilung des Patienten erfolgt durch seine eigene Entscheidung für eine der aufgedeckten Möglichkeiten, der Therapeut hilft nur, diese Möglichkeiten seiner Existenz zu verdeutlichen, hervorzuholen aus dem Nebel des Unbewußten.

Der Patient wird sich seiner Selbst bewußt durch den Vollzug der Wahl für eine Möglichkeit seiner Existenz. Die Wahl des Einzelnen erweckt sein Selbst-Bewußtsein wieder zum Leben.

Jaspers erkennt auch den ständigen Wandel der menschlichen Existenz und folgert, daß die „Existenzerhellung" nur an den Grenzen der Existenz wirksam durchschlägt, daß in sogenannten Grenzsituationen (Lebenskonflikte, Weltangst, Todesnähe, schweres Leiden) die ganze Existenz erschüttert wird und der Mensch sich (unter therapeutischer Aufsicht) bewußt für sein eigentliches Selbst entscheidet, in welchem er sich selbst als das wollende, handelnde Subjekt identifiziert, dessen Geschick in seinen Händen, bzw. seinem Selbst-Bewußtsein liegt. Demnach, so Jaspers, ist für den Menschen dasjenige Wahrheit, was für ihn Wahrheitswert hat, woran er sich in seinem Selbst-Bewußtsein orientiert, wonach er sein Verhalten richtet. Nachdem ihm seine Existenz-Möglichkeiten klar geworden sind und eine Krise seine bisherige Existenz ins Wanken gebracht hat, erkennt der Einzelne (im sicheren Rahmen der Therapie), daß er eigentlich eine freie Existenz ist und sich selber für seine Art zu leben entscheiden muß, um bei sich zu sein. Und daß es seine eigenen Werte sind, nach denen er diese Wahl trifft.

Jaspers Vorstellung vom Sein ist sehr psychologisch. Das Sein ist ihm eher ein Gedachtes, das weder dem Subjekt noch dem Objekt zukommt. Da alles im ständigen Wandel begriffen ist, ist das Sein des Selbstes ein Schwebezustand vielfältiger Möglichkeiten, durch den sich der Einzelne für viele Möglichkeiten freihält. Das Ziel der Existenzerhellung ist daher das methodische Innewerden des Seins, ein psychisches Sein. Das Jaspers´sche Verständnis des Seins entspringt der psychotherapeutischen Praxis, der Beziehung zwischen Patient und Arzt, die lange im Schweben liegt, eine Art geistiges Sein mit vielen Möglichkeiten darstellt.

Was jedoch durch den Willen des Satanisten ins Dasein gelangt ist, zeigt seine Wirklichkeit nicht nur auf der geistig-psychichen Ebene: die Veränderungen sind konkret. Die Magick des Schwarzen Magiers operiert auf einem Niveau, in dem auf eine für Katholiken und Protestanten bedenklichen Weise Energie, Geist und Materie nicht mehr so klar getrennt sind.

Jaspers Hauptthema ist die Entfremdung des Selbst mit seinen pathologischen Folgen. Er entscheidet sich eindeutig gegen die Normativität und für die *Eigentlichkeit*. Nach Jaspers existiert nämlich das Selbst, das sich einer fremden, uneigenen Autorität unterwirft, nur noch uneigentlich, besitzt keine *eigentliche* Existenz mehr. Doch von der Existenz-Psychologie der Philosophen zur Ontologie des Satanisten sind noch einige Schritte zu tun.

Um nun Martin Heideggers Existentialismus zu verstehen, müssen wir noch einmal zur „Existenz-Angst" bei Kierkegaard zurückdenken. Diese Angst des sich seiner Selbst bewußten Geistes vor dem Nicht-Sein, dem er ausgeliefert ist, wandelt sich nach seiner „Bekehrung" zur Seinsgewißheit, laut Heidegger, zur Weltangst. Die Seinsgewißheit, eine Art Identifikation des Selbst mit seinem Sein, ist bei Heidegger nur scheinbar, ebenso wie das Nicht-Sein ein nur scheinbares ist. Für Heidegger ist nämlich die Welt (die Objektivität) synonym und identisch mit der „Entfremdung". Er weist Existenz als Seinsbestimmung allein dem Dasein zu. „Das Wesen des Daseins liegt in seiner Existenz." Dasein ist die existentielle Identität des Individuums in der Entfremdung. Die Welt existiert nur im Zustand der Entfremdung als „das Man, das Gerede, das Verfallen, der Absturz." Der weltliche Betrieb mit seinen Rollenspielen, Beziehungen und Personenmasken ist das In-der-Welt-sein des nicht mehr bei-sich-seienden Daseins.

Dasein hat gewisse „Grundeigenschaften": der Vorrang der Existenz vor jeder anderen Essenz sowie das Einzigartige, Unwiederholbare der Existenz durch die Faktizität seines So-Seins. Das So-Sein eines Menschen ist seine Beschaffenheit, seine Wesenheit, seine Eigenart, sein Charakter, seine individuelle Existenz (Essentia), als welche er sich selbst wahrnimmt. Wie gelangt nun der Mensch vom Bewußtsein seines So-Seins (Essentia) zur existentiellen Identität seines Daseins (Existentia)? Das Erkennen seines So-Seins führt zur Wahrnehmung seiner Zeitlichkeit, seiner Sterblichkeit. Diese Tatsache verursacht dem So-Sein „Sorge" und bei der Frage nach dem „warum" und „woraufhin" dieser Sorge wird es sich bewußt, daß es sich selbst von seiner Welthaftigkeit, seinem In-der-Welt-sein distanzieren und sich verschieden verhalten kann. Das Gewahrsein der Zeitlichkeit seines So-Seins macht dem Individuum die Tatsache seines ureigenen Daseins und seiner darin wurzelnden Handelsfreiheit bewußt: „Der Tod als Ende des Daseins ist die eigenste, unbezügliche, gewisse und als solche unbestimmte, unwiederholbare Möglichkeit des Daseins." Dasein gelangt durch sein einzigartiges So-Sein zur Tatsache seines Daseins, wird sich seiner Selbst bewußt.

Dieses Selbst-Bewußtsein ist ein höheres als das Selbst-Bewußtsein des Seienden bei Kierkegaard, denn es impliziert die Freiheit, die existentielle Freiheit, seine Essenz selbst zu bestimmen und damit auch die Welt, in der es existiert. Nach Heidegger gelangt der Mensch, der die Tatsache der Abwesenheit eines Gottes oder eines ihn umfangenden Seins, also sein Allein-Sein und seine Sterblichkeit akzeptiert, zur Authentizität seines Daseins.

„Der Tod als Möglichkeit gibt dem Dasein nichts zu >>Verwirklichendes<< und nichts, was es als Wirkliches selbst sein könnte.“ Der authentische Mensch ist also vollkommen frei. Frei in der Wahl seiner Beschaffenheit, seiner Wesenheit, seiner Essenz, seines So-Seins. Es existiert kein Plan, der im Dasein angelegt wäre, keine sinngebende Aufgabe in der Existenz des Einzelnen, kein vorgegebenes Ziel und keinen Kodex für sein Verhalten. Denn „das Wesen des Daseins ist seine Existenz“. Sonst nichts. Und hier beginnt das Thema der Selbstverantwortung und Selbst-Erschaffung. Wir betreten die Reiche echter Schwarzer Magick.

Der Satanist betrachtet die Essenz seines Subjektiven Universums als frei gewählt, durch seinen Willen ins Dasein gelangt. Alle Werte existieren nur innerhalb des Subjektiven Universums, dessen Zentrum Er/Sie ist. Durch das Erkennen seiner existentiellen Freiheit, der Schöpferkraft des eigenen Willens befreit Er/Sie sich auch von der Zeit, was eine Ausdehnung der eigenen Macht bedeutet. Die Zeit spielt eine entscheidende Rolle in Heideggers Philosophie, und es liegt nahe, sich an die dunkle Göttin des Linken Pfades, Kali, zu erinnern. Der authentische Mensch hat sich von der Furcht vor seiner zeitlichen Begrenztheit distanziert, ist aus den Fesseln der Zeit herausgetreten und so zur existentiellen Identität, dem reinen Bewußtsein Seiner Selbst gelangt. Er hat Kali-Shakti invoziert und Shiva erlangt, und nun sehen wir Ihn/Sie frei über den Geweben der Zeit tanzen. Er/Sie hat Turiyatita erlangt, ist authentisch geworden. Der gesunde respektlose Instinkt des Satanisten riecht eine Unklarheit und fragt: „Schön und gut, Indulgence ohne Ende. Doch was jetzt? War das schon alles?“ und indem wir Heidegger hinter uns lassen, nicht ohne uns zu bedanken, und uns Jean-Paul Satre zuwenden, werden wir die Verwandlung des rotgoldenen tantrischen Satanisten zum ultravioletten Setian verfolgen. Zieht euch warm an, denn aus dem Feuer geht's nun ins Eis.

Jean-Paul Satre ist unter den Existenzphilosophen derjenige, der am klarsten einen Trennungsstrich zieht zwischen Selbst und Welt. Er setzt bei Heidegger an (auch und vor allem bei Husserls Phänomenologie) und sieht die Welt als synonym mit der Entfremdung, die im Bewußtsein imaginierten Phänomene als nichtig, ohne Sein. Das Wesen des Menschen ist daher seine Nichtigkeit; er lebt andauernd außerhalb seiner selbst, lebt also wesenhaft in Entfremdung. Der Mensch ist nach Sartre ein Sein-für-Sich, nicht aber ein Sein-an-Sich. Dieses Sein-an-Sich kommt allerdings dem zu, das die Phänomene im Bewußtsein projiziert und so die Welt, die Entfremdung erschafft. Dies ist aber weder ein Gott, noch ein absolutes Sein, sondern das stets nach Sein-an-Sich verlangende Sein-für-Sich, das in der Wahl seiner Handlungen und Taten völlig frei ist. Doch indem das Sein-für-Sich handelt und aktiv nach Sein-an-Sich strebt, wird es zur Bewußtseinsrealität, zur wesenhaften Entfremdung und Außer-sich-sein, und daher nichtig. Das Sein-für-Sich (Selbst) existiert nur im Vollzug seiner Taten, in diesem Übergang vom Sein zum Nichts. Es ist dazu verurteilt, frei zu sein, denn gleich, was es tut oder will, eben durch seine eigene Bewegung gelangt es ins Dasein, das bei Sartre eben Nichts ist. Alles, was das Sein-für-Sich tut, bestätigt sein Sein-für-Sich, seine eigene unbestimmte Existenz und negiert es zugleich, führt es ins Nichts. Der Mensch ist nach Sartre in der Wahl seiner Handlungen essentiell frei. Und nur die beliebige Aktivität erschafft und zerstört Werte.

Wo bei Heidegger der Mensch, der sich seines Daseins, seiner Existenz-Freiheit bewußt wird, zur Authentizität gelangt, ist er bei Sartre das Opfer einer Falle, aus der es schlicht keinen Ausweg oder eine Verbesserung der Situation gibt. Sowohl im Sein wie im Nichts ist der Mensch außerhalb seiner Selbst: er ist ein unentwegt *Werdendes.* Und das Werdende ist sich bewußt, daß es niemals zu einem Sein-an-Sich gelangen wird. Mit anderen Worten: der Mensch ist essentiell göttlich, doch kann niemals Göttlichkeit erlangen: er fällt, wann immer er nach Sein-an-Sich strebt, ins Nichts zurück.

Dieses „Nichts" ist für den Setian von hohem Interesse. Wo Sartre den Begriff des „Nichts" verwendet, ist offensichtlich doch irgend etwas: unsere Erfahrungen und die Bewußtheit dieser Erfahrungen. Würde der Übergang vom Sein zum Nichts angehalten werden, dann bliebe der Mensch eben nicht in „Nichts", sondern in irgend etwas. Das Wesen des Selbst (Sein-für-Sich) ist Werden, ins Dasein gelangen. Und was ins Dasein gelangt ist, ist. Nicht absolut, sondern ist das, was existiert: das Subjektive Universum des Setians.

Sartre sieht dem Menschen die Möglichkeit gegeben, seine eigene Vorstellung von Göttlichkeit zu verwirklichen, doch unterscheidet er diese Möglichkeit von jener zu absoluter Göttlichkeit (Sein-an-Sich). Man hat den Eindruck, Sartre habe tief, sehr tief in die wesenseigene existentielle Freiheit des Menschen geschaut und rief statt „Mensch ist Gott" verängstigt nur „Mensch ist ähnlich Gott". Das „Sein-an-Sich" in der Sartre´schen Terminologie ist ein semantisches Gebilde, das dazu dienen soll, das Objekt seiner Untersuchungen, das „Sein-für-Sich", erklären und beschreiben zu können. Es ist ein willkürlich gesetztes Grenzzeichen, um die Unendlichkeit einzufangen, das ein eigenständiges Sein, eine eigene Wertigkeit entwickelt. Die Unterscheidungen zwischen zwei Dingen machen Wahrnehmung und Denken aus, nicht die Dinge-an-sich. Das Dilemma der meisten Philosophen ist, daß sie zwar zu tiefen, umwälzenden Erkenntnissen gelangen, nicht aber über entsprechende Erfahrungen, Erlebnisse ihrer Ideen verfügen. Die aufgerissene Kluft zwischen Kopf und Herz drängt sie zur Formulierung solcher Dualismen, die darin versagen, Überzeugung hervorzurufen. Im Fall des Sartre´schen Existentialismus sehen wir als Resultat eine lebensverneinende, kraftlose Ausartung zum Pessimismus, von der seine Anhänger befallen wurden. Die „Nichtigkeit allen Seins" ist als Aussage bezeichnend für alle, die (nach Nietzsche) dem Leben nicht gewachsen sind.

Wo bei Sartre das Selbst sich im Nichts wieder verliert, verwirklicht das Self des Setian seinen Willen. Aus der existentiellen Freiheit des Seins-für-Sich heraus handelt der Setian als ein Werdender, der ins Dasein bringt, was er ins Dasein bringen will. Er leidet nicht darunter, kein Sein-an-Sich zu sein, sondern erkennt sein Sein-für-Sich (Selbst) als einzige Existenz an. Er ist der Schöpfer seines eigenen Wesens, ein Werdender. Und das, was durch seinen Willen ins Dasein gelangt, ist seine subjektive Welt. Nichts ist, außer durch den Willen zu Werden. Dieser Wille, die höchste Stufe des Selbst-Bewußtseins, ist die Gabe Sets, der selbst die höchstentwickelte Form von intelligenter Energie des Selbst-Bewußtseins ist.

Sowohl Sartre wie Heidegger vertreten die Auffassung, daß das Objektive Universum sich völlig indifferent dem Einzelnen gegenüber verhält. Das Individuum existiert für sich, getrennt vom Objektiven Universum. Das für-sich-seiende Selbst trägt daher auch alle Verantwortung für sein Leben, seine Taten, seine Werte, sein Gedeihen oder Verwelken. Weder ein Gott noch ein universeller Plan betten es ein oder sorgen sich um seine Existenz.

Es ist gerade die durch das Selbst-Bewußtsein ins Dasein gelangende Isoliertheit und Abwesenheit von Gott (I am alone; there is no God where I am." Al, II, 23), die das Individuum in die jeweils einzigartige Position (oder Orbit) uneingeschränkter Freiheit versetzt, es mit einem eigenen Willen ausstattet, der Möglichkeit (oder Notwendigkeit), sein Wesen und sein Sein selbst zu bestimmen. Kein Gott, kein Plan, kein Sein-an-Sich legt dem Einzelnen Grenzen auf. Die gesamte Geschichte der Religionen war der letztlich scheiternde Versuch, den Menschen von seiner verdammten Freiheit zu befreien. Er, der seine Freiheit anerkennt, das Bewußtsein seines Selbst nicht flieht, er oder sie ist ein Erbe der Ewigkeit, eine Nachfolge Lucifers, ein Erwählter Sets.

Das Zeitalter des Set gibt jedem die Mittel, die eigene Göttlichkeit, sein/ihr einzigartiges Sternentum zu realisieren; das, was er/sie will, ins Dasein zu bringen. Jeder verfügt über die Freiheit, sein Universum so zu gestalten, wie es sein/ihr Wille ist. Daher ist der Pfad der Rechten Hand nicht weniger wirklich oder weniger zur Verwirklichung zu bringen. Der Mystiker ist durchaus in der Lage, seine Vorstellung von Göttlichkeit zu realisieren, nämlich mit dem objektiven Universum zu verschmelzen und seine individuelle Identität auszulöschen.

Zusammenfassend kann man festhalten, daß der Existentialismus eine gründliche, rationale Untersuchung menschlicher individueller Existenz und ihrer Möglichkeiten darstellt, innerhalb der Potenz reiner Intellektualität; sehr nützlich für den Satanisten (Setian), um Aspekte seiner Weltsicht und Erfahrungen dem Rationalisten zu verdeutlichen. Es ist vor allem der rigorose Individualismus und die Betonung der freien Wahl, der Schöpferkraft des Menschen, die dem Setian zutiefst vertraut und fundamentale Werte sind. Das dunkle Zentrum intelligenter Energie, die Schwarze Flamme, die Gabe Sets stehen dem Satanisten offen, um ins Dasein zu bringen, was Er/Sie will. Denn Er/Sie ist ein unwiederholbarer, einzigartiger Stern, ein unbeugsames Streben nach immer umfassenderer Komplexität; ein unablässiger Wille zu Werden.

Xeper

Notes of the Scarabae

(1)

Erhebe Dich, Du Schlangengott, uralter Drache Mensch!
Steige aus Deiner steinernen Gruft des Vergessens wahrer Größe und Würde.
Und erlerne wieder die alte in Staub versunkene Kunst des Göttlich-Seins.
Beherrsche sie, verfeinere sie, übertreffe sie.
Und vom dunklen Glanz der Echtheit und Einmaligkeit
Laß Dich zu neuen Höhen treiben, die aus tiefster Kraft
Die Schwachheit besiegen und die Feigheit verbrennen.
Sei Krieger, Sieger und Eroberer!
Ohne Mitleid vernichte, was um Gnade fleht
Und Deinen Sternengang verzögern oder enden will.
Freiheit ist ein Traum, den der Krieger zur Wirklichkeit führt.
Der Wille ist sein Schwert und mit fester Hand
Zerschneidet er die Bande der trägen Frequenzen,
Matte Ideen von Frieden, Gleichheit und Glück.
Sei Gottheit, Bestie, Mensch und strebe nach mehr!
Sei Wolf und reiße das blökende Lamm!
Sei Schlange Du und Samen, der die Leere erobert!
Sei Greif und fliege den Flug unfaßbarer Freiheit
Durch die kalten Winde unbekannter Welten!
Du bist die Gottheit, die Du wirst.

(2)

Lebe gefährlich!
Beende das halbherzige Getue, das nur Idioten ihr Leben nennen,
Und die ihre Schatten wie eine Beleidigung auf das Antlitz der Erde werfen,
Die sie zu ihrer Zeit wie unverdauliche Nahrung auskotzen wird.
Sie leben nicht, deren Herz im Takt einer Maschine Ein- und Ausgabe verwaltet
Und sich dessen schämt, was es tut.
Sie atmen nicht, deren Lungen feige Hoffnungen inhalieren
Und stinkende Lebenslügen in die Atmosphäre blasen.
In ihren Gehirnen gärt das Gift, das Deine Welt zerstört.
Und schau, wie sie versuchen, Dich mitzuziehen
In ihr weißes Ursuppen-Totenheim,
Das sie niemals haben verlassen wollen.

Sie wollen zurück, dorthin, wo nichts an sie herantritt,
Das Stärke, Intelligenz und Mut von ihnen fordert.
Lehre sie das Fürchten vor der Macht Deines Willens!
„Schalt mal ein bißchen Hölle ein, Liebling!“

(3)

Wo ich bin, ist diese Welt nicht.
Ich bin eine Verkörperung meines Willens.
Mein Wille ist ein isoliertes Phänomen im Kontinuum der Natur.

Der Traum deines Lebens ist eine Gestaltung deines ureigenen Willens.

Jedes System ist eine symbolische Fassung ungeformter Abstrakta.
Wenn du ein System benutzt, bist Du in der Kommunikation
Mit deinen schöpferischen Kräften daran gebunden.
Z. B. verehrst Du die Sonne, das Licht, die weite Brust, das glückliche Fließen;
Ein Hauch von Ich webt goldene Gewänder in dein Leben ⇒ das Leben ist schön.
Du fühlst dich verbunden mit anderen, bist offen und erlebst instensive Gefühle von Wärme, Liebe, Vertrauen.
Dem Meister dieser Art von Verehrung gelingt nahezu alles
Leicht und fließend, wie von unsichtbarer Hand geführt.

Kultivierst Du jedoch Saturn, die Dunkelheit,
Die Schwere, Kälte und Klarheit, Wissen und Intelligenz –
So lernst Du den Tod und die Fremdheit als Lehrer und Freund kennen
⇒ Nichts ist.
Du fühlst dich, wenn überhaupt, isoliert und getrennt, fremd in dieser Welt und in Keinster Weise irgendeinem ihrer Gesetze oder Abläufe verbunden.
Dem Meister des Saturn sind Gefühle, Intellekt, Materie funtktionierende Gefährte,
Die seinen Willen in die Verwirklichung tragen.

Vielleicht ist es wahr: Alles ist Eins.
Ursprüngliches, ungeteiltes, ungetrübtes weißes Paradies.
Die Kunst besteht darin, auf geschickte Weise den „Sündenfall“,
Den Sturz aus dem Garten Eden zu begehen.
Tust Du dies intelligent und unermüdlich immer wieder wie ein aufrechter Krieger,
Der niemals aufgibt, wirst du die Welt, wie sie ist, und ihre Tendenz zu sein, Überwinden und Deinen eigenen Willen in die Leere und aus ihr heraus tragen.

Und immer weitergehend, respektlos und verachtend, dem Tode spottend,
Dem Leiden indifferent und den Menschen lachend entgegentretend,
Wirst Du zu einer Verkörperung dieser Leere.
Ein Nichts unbegrenzter Möglichkeiten.
Du wirst frei, alles zu tun, was Du willst.
Du wirst wie Set: einsam, einzigartig, höchste Form des Lebens.
Ein unvergleichlicher, unwiederholbarer Gott-Mensch.

Xeper

Brimstone - Egan's Ankündigung des Erschaffens

Ich werde die Welt mit Feuer vernichten
Ich werde alles zertören, was nicht alleine bestehen kann
Ich werde Höchste Ideale im derbsten Dreck ersticken
Ich werde alle Hoffnung aus euren Hintern treten
Ich werde alles bis auf seine Grundmauern niederreißen
und dann werde ich die übrig gebliebenen Steine verbrennen
und dann werde ich die Asche verstreuen
und dann wird vielleicht JEMAND fähig sein,
ETWAS zu sehen, wie es wirklich ist.

Jenseits des Realismus

Einige Satanisten, die ich kenne, landen in einer Falle. Ich will das kurz erklären.

Ihre Reise beginnt, höchstwahrscheinlich, mit der üblichen Ablehnung der sozialen und religiösen Ansprüche ihrer Eltern. Bravo! Dabei ist nicht zu erwarten, daß sie eines Morgens aufwachen und beginnen, die Welt rational und objektiv wahrzunehmen. Nein. Sie identifizieren sich mit einer Rolle, die im diametralen Gegensatz zum Konsens der Gesellschaft steht.

In einem gewissen Sinne wird der Anfänger zu Lucifer, dem rebellischen Engel, der die Autorität und Alleinherrschaft von „Gott" hinterfragt. Dieser Teil der Initiation ist bekannt unter verschiedenen Namen – „Das Gericht von HarWer", „das Verbrennen des Abfalls", „das Erwachen", etc. ... Das geht etwas weiter als jugendlicher Aufruhr. Jemand geht solange zum irrationalen anderen Extrem, bis beide sich gegenseitig aufgehoben haben. Und nur dann erreicht er/sie den Logos und leidenschaftslose Indifferenz. Und nur dann vermag er oder sie damit anzufangen, sich um Intelligenz zu bemühen. Habe ich mich klar und verständlich gemacht, Mr. Nomolos?

Wir von der Bruderschaft haben einen Namen für diesen Seins-Status, der jenseits der Dualität liegt – „Gottbewußtsein" oder „der Punkt der Absoluten Null". Der Magier sieht jetzt die Welt realistisch und kritisch. Das ist eine lobenswerte Errungenschaft, die, wenn überhaupt, nur selten von Katholiken gemacht wird!!!

Und hier liegt der Hund begraben: der Satanist arbeitet dann weiter mit der Annahme, dieses neugefundene Wissen irgendwie anderen vermitteln zu können. Falsch! Falsch! Falsch! ... Wie kann man nur einen so offensichtlichen Fehler machen? Sie fahren damit fort, die Welt als eine Projektion ihres eigenen Bewußtseins wahrzunehmen. – Sie sind Ego-zentriert und nicht Psyche-zentriert. Sie haben noch nicht Saturn-Gnosis (Setamorphose) erlangt!

Du kannst die Realität nicht lehren – sie kann nur, sie muß selbst-erkannt werden. Die subjektive Annäherung ist der Schlüssel dazu.

Es ist eine Sache, etwas intellektuell zu verstehen und anzunehmen, eine andere Sache ist es, etwas emotional zu erfahren und zu verarbeiten. Der Mensch braucht Zeremonien und Rituale, Phantasie und Verzauberung.

Satanismus realisiert die Bedürfnisse des Menschen und füllt die große Lücke zwischen Religion und Psychiatrie. Die satanistische Philosophie kombiniert die Nüchternheit des Wissens mit den Emotionen intensiver Erfahrung. Das Dogma des Rituals ermöglicht dem Menschen, seine Phantasie auszuleben. Es gibt nichts Falsches oder Schlechtes an einem Dogma, solange es nicht gegen die menschliche Natur gerichtet ist.

Hail Satan! Keep the hellfires burning!!!

Uncle Setnakt Sez:

Brimstone sagt uns: Werde böse und beherrsche die Welt. Die meisten von euch halten das für eine gute Idee. Die anderen werden das hier wahrscheinlich gar nicht lesen: Tips und Ratschläge für die Nachwuchs-Satanisten.

„Wenn du die Leute denken läßt, sie würden denken, werden sie dich lieben; doch wenn du sie wirklich zum Denken bringst, werden sie dich hassen.“

Die meisten haben jeden Sinn für selbständiges Denken verloren und die Fülle ihres Selbst durch platte Träumereien ersetzt. Wenn du jemanden zu kontrollieren wünschst, beachte also, seine illusorische Vorstellung von sich selbst nicht anzukratzen. Angenommen, dein Chef ist ein Gegner der Abtreibung. Bring ihn dazu, dir dabei zu helfen, vernünftige Argumente für den „Schutz ungeborenen Lebens“ zu formulieren. Natürlich wird er Phrasen, die er in einer Fernsehdebatte aufgeschnappt hat, von sich geben, aber das ist egal – du hast ihm die Illusion gegeben, zu denken. Von nun an bist du sehr wichtig für das Aufrechterhalten seiner Illusion. Achte darauf, daß Du niemals unter diese Art von Kontrolle gerätst. Wenn z. B. jemand zu dir kommt, der deinen Intellekt verehrt und dir zu Füßen sitzt, hast du eins von zwei Dingen vor dir: einen Diener, der einen Meister sucht, oder einen Meister auf der Suche nach einem Diener. Bleibe ruhig und distanziere dich innerlich von der Situation und bestimme, welches der Fall ist. Doch vergiß nicht, daß du von beiden Möglichkeiten lernen kannst.

Lasse Automatismen für Dich arbeiten. Oft übersehen wir die simple Struktur von Konditionierungen. Lerne von den Evangelisten: „Ist irgend jemand unter Euch, der in den Himmel will?“ – „Ja.“ – „Ist irgend jemand unter Euch, der sagt, preiset den Herrn?“ – „Preiset den Herrn.“ – „Ist irgend jemand unter Euch, der bereit ist, sein Geld Jesus zu geben?“ – „Ja.“ Diese Technik von kurzen prägnanten Fragen, gekoppelt mit unmittelbarem positiven Feedback funktioniert auch in Sitzungssälen, Schlafzimmern und beim Tauschen seltener Baseball-Karten. Zusätzlich zu den anderen Robotern, die für dich arbeiten, lasse deinen eigenen Roboter aktiv werden. Viele Satanisten vergessen, daß unbewußt wiederholte Handlungen wie Zähneputzen oder Rasieren dazu beitragen, höhere Geisteszentren freizulegen. Jede kreative Person wird dir erzählen, daß du dich von deinen Problemen distanzieren mußt, um zu Aha!-Blitzen zu kommen. Deinen Roboter seine Arbeit tun zu lassen, hält deinen Geist beweglich und offen.

Laß dir von anderen ihre Schlüssel geben. Werde dir der Sprachgewohnheiten der anderen bewußt. Höre auf ihre ganze Sprechweise, nicht nur die fetten Stücke. Du wirst anfangen, ihre Lieblingssätze zu entdecken, wie z. B. „Bevor ich es vergesse.“ Beachte, daß der darauffolgende Satz üblicherweise ausdrückt, was sie vergessen wollen und vor dessen Vergessen sie sich fürchten. Satanisten sollten lernen, diese Gewohnheiten in ihrer eigenen Sprache auszumachen. Überprüfe, warum du gerade diese Dinge sagst. Das ist entschieden weniger schmerzhaft als Crowleys Technik aus dem Liber Iugorum.

Lösche das Wissen um deine Person aus. Okay. Ich habe es von Castaneda geklaut. Ohne persönliche Geschichte sind wir befreit von der Last der Gedanken, die sich andere über uns machen. Was ein anderer über Dich denkt, beeinflußt deine Handlungen in der profanen und in der magischen Welt. Es grenzt deine persönliche Freiheit ein, auch wenn dich jemand als ausgerasteten Satanisten sieht. Deshalb ist es auch so schwierig, jemanden, der uns gut kennt, magisch zu beeinflussen (schwierig, nicht unmöglich!). Und deshalb funktioniert die Magie besser zwischen zwei und vier Uhr, wenn alle schlafen und der Zugriff auf ihr Bewußtsein leichter ist. Deshalb: sei mysteriös. Verschwinde in dem undurchdringlichen Nebel, den du um dich selbst erschaffen hast.

Du wirst an deinen Etiketten erkannt. Bedenke, daß „Satanist" ein Etikett für Schattenwelten ist. Egal, was du wirklich bist, die anderen werden unmittelbar berührt durch das Etikett des „Satanisten", das Dinge symbolisiert, die die Gesellschaft fürchtet und zugleich begehrt. Übelsten Kindesmißbrauch und dionysische Ekstase. Wenn du dich für das mächtige Etikett des Satanisten entscheidest, werden sie dich begehren, dich hassen und dich fürchten. Alle drei Emotionen, alle sehr stark. Nutze sie gut. Du schuldest diesen Menschen nicht das Geringste. Es ist auch nichts Falsches daran, im Untergrund zu bleiben, sofern aus strategischen Gründen und nicht aus Feigheit.

Lies deine Bibel. Nein, ich meine die christliche. Die Fähigkeit aus ihr zitieren zu können, tut nicht weh, und jene unter euch, die zur Nekrophilie neigen, finden darin eine Menge aufregender Geschichten. Da ist z. B. die Szene, in der David zweihundert Toten die Vorhaut abschneidet, um Sauls Tochter heiraten zu können. Wir sollten uns auch daran erinnern, daß dieses Buch Milton zu seinem pro-satanischen Meisterwerk „Paradise Lost" inspirierte. Die Bibel war eins der ersten wirksamen Propaganda-Bücher in der westlichen Welt. Als ein Buch zur Kontrolle der Gedanken eines Volkes rangiert es mit „Mein Kampf" auf den ersten Plätzen. Wenn du keine Ausgabe der Bibel besitzt: sie ist leicht im nächsten Motel zu besorgen.

Glaube nichts. Oder zumindest so wenig, wie dir möglich ist. Wenn du deine Umwelt zu beherrschen beabsichtigst, kannst du so viele irrationale Glaubenssysteme in andere hineinstopfen, wie du willst. Doch halte ihren Horizont begrenzt, sonst machen sie Quantensprünge in der selbständigen Entwicklung ihrer Freiheit. Wenn jedoch du es bist, der ihnen die Schlüssel gibt, mit denen sie aus ihrer selbstverschuldeten Unmündigkeit gelangen können, sind sie dir auf ewig dankbar. So arbeitet auch Hassan I Sabbah, Großvater der Assassinen. So funktioniert noch heute jedes Zen-Kloster. Für dich ist wichtig, nicht in Glaubenssystemen gefangen zu sein. Hinterfrage alles, einschließlich Satanismus.

Leg dir eine dicke Haut zu. Sei nicht verärgert – du kannst weiterhin jedem auf die andere Wange zurückschlagen. Durchschlagende Rache erfordert Klugheit und Wissen über dein Opfer. Lerne, den Dingen den Wind aus den Segeln zu nehmen. Auf diese Weise kommt der Rückschlag unerwartet und zu überraschend für jede Verteidigung. Sei wie eine Schlange im tiefen Gras – die Leute sehen dich nicht und reden sorglos daher und offenbaren ihre Schwächen. Übe keine Rache an denen, die dich aus Dummheit verletzten. Sie sind unter deinem Niveau. Stattdessen schau, wie du den Dummen zu deinem Werkzeug machen kannst. Das erspart dir nicht nur Energie (für magische und andere Zwecke), sondern dehnt auch deinen Einflußbereich aus.

Entwickle deine eigene Magie. Weiße Magie beharrt auf Wiederholungen. Du sagst es, tust es, atmest es, etc. Schwarze Magie hat die Vergöttlichung deiner Selbst zum Ziel. Das ist ein härterer Weg. Wir setzen bewußt unsere eigenen Erinnerungen und Stimmungen im Ritual ein. Das ist nicht zu verwechseln mit stiller Innenschau oder einzelnen Augenblicken religiöser Ekstase. Unsere Stimmungen sind ebensolche konkreten magische Werkzeuge wie Schwerter, Glocken, Weihrauch etc. und wesentlich mächtiger noch. Und wie Werkzeuge nehmen wir sie heraus, benutzen sie und legen sie wieder zurück. Schwarze Magie erfordert einen schrecklichen Grad von Selbst-Bewußtsein und ist nichts für Psychotiker und willensschwache Individuen. Ich leugne nicht ab, daß gewöhnliche Individuen wirksame Magie ausüben können, doch sie werden niemals Göttlichkeit erlangen. Deshalb: zuerst Bewußt-Sein, dann Magick.

Uncle Setnak wünscht dir einen schönen Tag.

Die Kunst des Vampyrismus

Achtung! Nichts für unreife und emotional labile Charaktere.

Instruktionen, um die Kräfte des Vampyrs freizusetzen.

Das folgende Ritual nicht öfter als ein- oder zweimal die Woche ausführen. Du beginnst mit Unsterblichkeit zu experimentieren und mit Kräften, die deine wildesten Phantasien übersteigen. Es gibt keinen Anlaß zur Furcht. Vergiß den mythischen Quatsch, der von den Verleumdern des „Self" verbreitet worden ist. Vampyre existieren! Sie ergötzen sich an der Lebenskraft geistloser Wilder – diese nennen wir die Seelenlosen.

Die Wahl des geeigneten Opfers ist eine private Angelegenheit, der Intuition des Vampyrs überlassen. Wenn du deine Wahl klar und unmißverständlich getroffen hast, bleibe bei dem einen Objekt über mehrere Wochen. Anfänger lernen durch Praxis.

Wichtig! Keine Antizipation der Ergebnisse. Übe dich in vollständiger, absoluter Zuversicht in die Kräfte deiner Psyche. Bleibe gelassen und überzeugt.

Die Ausführung des Rituals muß mit Leidenschaft und totaler Einpunktigkeit des Willens geschehen. Ist das Ritual beendet, Kerzen gelöscht, dann verbanne alle Gedanken deine Arbeit betreffend – bis zum nächsten Mal. Vor allem erzähl niemandem davon. Dein Opfer muß absolut unwissend über dein nächtliches Vorgehen sein.

Vorbereitungen

Wenn du in der Lage bist, mit geschlossenen Augen ein klares Bild deines Objekts zu erschaffen, kannst du auf Hilfsmittel wie Haarlocke, Fingernagel, Foto, Kleidungsstück oder ähnliches verzichten. Andernfalls laß dir was einfallen.

Altar: Jeder Tisch kann diesen Zweck erfüllen. Bedecke ihn mit einem schwarzen Tuch, Samt oder Seide. Plaziere ihn Richtung Westen. Über und hinter dem Altar installiere auf Augenhöhe ein schwarzes umgekehrtes Kruzifix und darunter ein umgekehrtes Pentagramm. Falls du ein Foto hast, hänge es dazwischen. Folgende Dinge sollten auf dem Altar zu sehen sein: zwei schwarze Kerzen, ein Dolch ein Menschenschädel oder ein vernünftiges Modell, eine Glocke (volltönend), ein Kelch, dessen Elixier rotfarbig sein sollte, gleich ob Tomatensaft oder Rotwein. Es repräsentiert das Blut deines Opfers. Es sollte dir also schmecken.

Musik: Experimentiere mit unterschiedlicher Musik und finde jene, die die stärkste Leidenschaft in dir entfacht. (z. B. Mussorgskis „Eine Nacht auf kahlem Berge").

Kleidung: Schwarz – natürlich. Gleich ob Robe oder sonstige Kleidung. Unbedingt besorge dir ein Amulett mit umgekehrtem Pentagramm.

Schreibe dir den Text des Rituals auf – deutlich, so daß du ihn bei Kerzenlicht lesen kannst. Ein flüssiges Rezitieren der Worte trägt zur Vertiefung der Konzentration und ihrer Kraft bei.

Die Schwarze Flamme wird auf der Mitte des Altars plaziert.

Okay, ich denke, wir haben alles... Häng das Telefon aus, schließ die Tür ab, mach alle Lichter aus! This is Fright-Night – for real!

Der Ritus des Vampyrs

Entzünde die beiden Kerzen, schlage die Glocke auf folgende Weise:

Sechsmal nach Süden,
Sechsmal nach Osten
Sechsmal nach Norden.

Beginne mit der Anrufung:

Invocation of my demon brother

In nomine de nostri Satanas Luziferi excelsi!
Im Namen von Satan und seiner Exzellenz Luzifer,
Ich befehle den Mächten der Finsternis und ihrer höllischen Macht.

(Ziehe mit dem Dolch das umgekehrte Kreuz, von der Spitze zur Mitte, von rechts nach links. Entzünde die Schwarze Flamme – fahre fort mit der Anrufung)

Die Schwarze Flamme ist entfacht.
Die Pforten der Hölle schwingen weit geöffnet
und enthüllen den gefürchteten Dämon (Name),
der hervortritt, um seinen Willen im Werk des Erschaffens zu erfüllen.
Hütet Euch, ihr sterblichen Narren,
denn es ist mein Doppel,
das nun vor Euch erscheint.

Gebt acht!
Ich bin der Gott des Gestern, Heute und Morgen.
Ich bin der Wächter der Zeit und der Ewigkeit.
Ein Gleicher dem Prinzen der Dunkelheit.
Unumschränkt. Einzigartig. Grenzenlos ist meine Weisheit,
unübertroffen meine Stärke.
Meine astrologische Mission ist vollbracht.
Meine satanische Bestimmung ist verwirklicht und erfüllt.

Ich rufe die Elemente, mir zu dienen,
und die Kräfte der Schöpfung,
mein Verlangen zu manifestieren.
Kommt hervor! Nehmt teil am Werke des Erschaffens
durch diese Worte der Macht:

(Richte den Dolch wieder auf das Kreuz und rufe die Elemente)

Invokation der Elemente

Vampyr! Dracula!

Ich ergreife und offenbare die Macht des Vampyrs.
Erscheine, Dracula,
auf daß Ich deine Gestalt annehme,
um meinen wildesten und dämonischsten Willen zu leben.
Auf daß die erregenden Legenden und Fabeln
um deine Gestalt meine Imagination beleben.
Umhülle mich mit dem Gewand der Unsichtbarkeit
und des Verborgenen.
Verleihe mir die Macht, unhörbaren Schleichens und Fliegens –
die Gestalt des Wolfes und der Fledermaus.
Schärfe meine Fangzähne, um tief einzudringen
und kraftvoll das satte, frische, warme Blut
meines Opfers zu saugen.

(Hebe den Kelch zum Kreuz, tauche deinen rechten Zeigefinger in das rote Elixier und lasse ihn im Uhrzeigersinn über den Rand des Kelches gleiten, während du den Namen deines Opfers ***b r ü l l s t.****)*

Ich trinke von diesem Kelch,
dem Gefäß des Lebens und gierig verschlinge ich die
Essenz von ihm (ihr), dessen (deren) voller Name lautet:

(Name deines Opfers).

(Leere den Kelch bis auf den letzten Tropfen!)

(Nun bist du bereit, die vier gekrönten Prinzen der Hölle herbeizurufen. Beim Aussprechen der Namen ziehe mit dem Dolch das averse Pentagramm.)

Komm hervor, mächtiger Fürst!
Begleite mich!
Laß mich deine Anwesenheit spüren!
(Schau nach Süden) Satan!
(Schau nach Osten) Luzifer!
(Schau nach Norden) Belial!
(Schau auf den Altar) Leviathan!

Die große Beschwörung

Vernehmt die finstere Seele von *(dein Name)*,
der nur noch einen schwarzen Schatten
auf die Erde wirft!
'Gebt acht! Gebt acht!'

rufen die Raben der Nacht.
Mit meinen Füßen, meinen Tatzen,
meinen Schwingen und meinen Klauen
jage Ich meine Beute.

Alle Winkel der Dimensionen suche Ich auf,
Ich kreise über den heißen Winden der Hölle.
Unter meinem wogenden Gewand verberge ich einen Kristall,
der mir dein Versteck enthüllt!
Ich suche dich *(N. d. O.)* !
Ich finde dich *(N. d. O.)* !
Ich nahe dir *(N. d. O.)* !
Blick auf meine Fangzähne,
wie Ich auf deinen Hals stürze!
Fühle, wie meine scharfen, spitzen Zähne
dein zartes Fleisch durchbohren!

Gewaltige lederne Schwingen umschließen dich, halten dich fest.
Es gibt kein Entkommen. Hungrige Klauen dringen tief in dich ein.
Gierig sauge ich mich voll,
rasend verzehre ich dich ganz!
Ah! Meine Adern füllen sich mit frischer Lebenskraft.

(Sieh deinem Opfer ins Auge, strecke die Arme und Finger nach ihm (dem Bild) aus – unter höchster Anstrengung deines Willens wiederhole den folgenden Spruch mehrere Male,bis du Erschöpfung verspürst.)

Ich trinke deine Tage! Ich trinke deine Nächte!

(Fahre fort mit der Beschwörung.)
... Mit stets zunehmender Macht
manifestiert sich selbständig die Gestalt des Vampyrs, *(dein Name)*.
Schau mich an, *(N. d. O.) !*
Schau mich an, mit deinen starren, willenlosen Augen!
Du bist leer – meinem bösen Glanz verfallen!
Mein Blick reicht tief wie der Abgrund der Hölle.
Du kannst dich nicht mehr halten, du wankst – du fällst!
Du gehörst mir! Du hast vergessen, wer du bist.

Dein Wille ist gebrochen!
Du bist nichts weiter als ein(e) Hörige(r),
eine Hülle, ein lebloses Gefäß!
Gehorche meinen Befehlen, du stehst unter meinem Bann.
Ich trinke dich, Ich trinke dich aus,
wieder und wieder,
wieder und wieder
und wieder und wieder!
Bis ich den letzten Tropfen gekostet habe.
Deine Seele gehört mir, *(N. d. O.)*.
Du bist leer!

(Innehalten.)

Der Vampyr ist, der Vampyr war,
der Vampyr wird sein:
Mein Geist wird in alle Ewigkeit leben.
Doch die Sterblichen?
Sie fürchten mich. Zurecht!
Hütet euch vor meinem Zorn!
Denn ich spreche die unaussprechlichen Worte der Macht:
MADARIATZA, TOREZODU !!!
OADARIATZA OROCAHA ABOAPERI!
TABAORI PERIAZODA ARETABASA!
ADAREPANU CORESATA DOBITZA!
YOLACAME PERIAZODI ARECOAZODIORE, OD QUASABE QOTINUJI!
RIPIRE PAAOTZATA SAGACORE!
UMELA OD PEREDAZODARE CACAREJI AOIVEAE COREMEPETA!
TOREZODU! ZODACARE OD ZODAMERANU,
ASAPETA SIBESI BUTAMONA DAS SUREZODASA TIA BALATANU.
ODO CICALE QAA,
OD OZODAZODAMA PELAPELI IADANAMADA !

(Schluß des Rituals:)

Durch die Mächte der Finsternis, des Schattens und des Lichts,
kehre ich in meinen Körper zurück;
und schon bin ich außer Sicht – bereit zuzuschlagen in einer anderen Nacht.
Bis dahin bleibt der Sarg fest geschlossen...

(Lösche die schwarze Flamme, schlage die Glocke auf gleiche Weise, aber in umgekehrter Reihenfolge wie zu Beginn.)

So it is done!

(Lösche die Kerzen.)

ENDE DES RITUALS

Satanistische Magie

In diesem Kapitel werden, manchmal in einem Satz, die Begriffe Satanistische Magie und Schwarze Magick verwendet. Eine grobe Unterscheidung kann wie folgt gemacht werden:

Die Satanistische Magie zielt auf die Stärkung des Selbst-Bewußtseins sowie die Befriedigung seines Verlangens. Die Schwarze Magick verfolgt die Höherpolung des Selbstes zu einem hochenergetischem Bewußtseinskern, der unabhängig von der materiellen Welt lebensfähig, d.h. unsterblich, ist. Doch diese Unterscheidung sollte nicht darüber hinwegtäuschen, daß ein Magier des linken Pfades immer sowohl Satanist wie auch Schwarzer Magier ist; sich sowohl den Freuden des Fleisches wie auch den geistigen Abenteuern der Intelligenz widmet. Die weiblichen Leser sollten sich nicht ausgeschlossen fühlen, auch wenn fast ausschließlich vom Magier die Rede ist. Der leichteren Lesbarkeit wegen wurde auf die femininen Personalpronomen verzichtet.

Desweiteren ist darauf hinzuweisen, daß alle Rituale von männlichen Magiern verfaßt wurden. Das Schweigen der Frauen ist eine bedauerliche Tatsache, zumal der Magier ohne die Kraft der Frau wirklich nur eine Leiche ist. Aber vielleicht ist dieses Schweigen einfach nur Ausdruck ihrer übermächtigen magischen Weisheit, die den geeigneten Zeitpunkt abwartet, ungehindert in Erscheinung zu treten und die Fesseln dieser Welt zu sprengen. Wer weiß?

Proklamation

Wir leben in einer Welt, in der jede urtümliche Lust und Lebensfreude im Keim erstickt wird. Das ungehemmte Auskosten des eigenen Lebens wird von allen Seiten, versteckt oder offen, mißbilligt oder sogar angegriffen. Der Starrsinn der Philosophen und die Moralzange der Religionen haben neuerdings einen weiteren Verbündeten: die Esoterik. Dieses Chamäleon der Verlogenheit hat selbst die einst so verachtete Magie vereinnahmt und zu einem gefolgsamen Hauspudel dressiert.

Erkenntnis (d.h., daß Du die Suche nach neuem Wissen aufgibst) und Erlösung (d.h., daß Du endlich aufhörst, Autoritäten zu widersprechen) bilden zusammen mit der Erleuchtung (d.h., daß Du ohne Licht nur ein Haufen Dreck unter der Schuhsohle des Meisters bist) die monströseste Gehirnwäsche, die dieser Planet je erlebt hat. Laß dich nicht von dem Gerede derer täuschen, die die Egozentriertheit und Individualisierungstendenzen unserer Kultur kritisieren. Das ist Humbug. Individuen mit einem eigenem Ich und eigenem Willen sind rarer denn je.

Das Judenchristentum, der Buddhismus und der Islam sind seit 2500 Jahren die Neuro-Programmierer unserer Gehirne. Dieses Ich, dieses fluchbegnadete Ich, sagen sie, soll sterben, sich zurückstürzen in die große Schöpfungssee und seinen irrsinnigen Willen, leben und wachsen zu wollen, endlich aufgeben. Im Reinen Land, im Licht sollen wir aufgehen, dort, wo es keine Unterschiede gibt und alle friedlich und liebevoll miteinander umgehen!

Wie wollen diese Narren Freude und Liebe erleben, wenn sie es nicht in ihrem Fleisch und auf der Erde erleben konnten?

Fluch denen, die erst ihr Ich auslöschen müssen, um lieben und leben zu können!

Satanismus ist das entschlossene Ja zum Ich und die unbeugsame Gegenwehr gegen jeden Versuch der Nivellierung.

Laß Dir nichts gefallen. Werde zum Neuro-Hacker, knacke ihren Code und infiziere die Programme der Selbst-Verleumder mit dem bösen Virus der Intelligenz und des Willens.

Werde zu Eis! Ehre das Feuer! Genieße dein Leben!

Xeper

Der linke Pfad: die Magie der Krieger

„Erobert! Das genügt."
Liber Al, III-11

„Kämpfe! Das ist alles."
M. Serrano,
Das Buch der Magischen Liebe

Satanistische Magie ist die Praxis des Linken Pfades, der Weg der Krieger, die für ihre Liebe kämpfen. Für eine Liebe aus Fleisch und Blut, die den süßen Duft des Triumphes und den üblen Gestank des Stolzes kennt und nicht fürchtet. Abstrakte Ideale, schöngeistige Utopien von dauerndem Frieden, von Gleichheit und Gerechtigkeit röcheln zum letzten Mal, wenn sie im Würgegriff Satanistischer Magie auf ihre Substanz geprüft werden. Gib also acht.

Wenn Du das Unbekannte aufsuchst, weißt Du nicht, aus welcher Richtung Du angegriffen wirst. Und wenn Du fällst, steh auf und kämpfe weiter.

Der Lohn für unbeugsame Gegenwehr ist dauerndes Bewußtsein, unsterbliches Ich. Und vergiß nicht, Dich bei Deinen Gegnern für die Gelegenheit lebensbejahenden Kampfes zu bedanken. Und feiere ein Fest. Erfreue Dich am Fleisch und an der Liebe.

Das ist, in wenigen Sätzen, das gesamte Thema Satanistischer Magie.

Der Ritual-Raum oder Tempel

Der Ritualraum ist der Ort der Begegnung mit den infernalen Kräften. Er muß also stark und undurchdringlich sein. Das Feuer darf nicht nach außen dringen und sich verflüchtigen. Daher ist er in schwarzer Farbe gestaltet, und nur wenig beleuchtet. Von den Kerzen abgesehen kannst du auch rotes Licht einsetzen, doch nicht zuviel davon. Mach keinen Partykeller aus deinem Tempel.

Jeder Ort ist geeignet, der dich für die Zeit deiner Arbeit vor Störungen schützt. Doch sollte er nicht zu weiträumig sein und dir andererseits genügend Bewegungsfreiheit gewähren.

Dein Tempel ist dein Körper. Und der Körper denkt nicht. Um wirksame Magick ausüben zu können, mußt du auf jeden Fall deine Denkmaschine zum Stillstand bringen können.

Anton LaVey nennt den Ritualraum die „intellektuelle Unterdruckkammer". Ein treffender Ausdruck. Ein kraftvoller Schwarzer Tempel erspart dir eine angespannte Stirn und läßt dir gar keine Gelegenheit mehr, dich in flottierenden Mindfucks zu verlieren.

Der Altar

Der Altar verkörpert das Gesetz oder die Lehre, die der Magier durch seine Arbeit verwirklicht. Er beeinhaltet das gesamte Wissen des Magiers von sich selbst und seiner Beziehung zur Welt. Zumindest sollte es so sein.

Der beste Altar für den männlichen Magier ist natürlich die bereitwillig aufnehmende Frau, und der kostbarste Schmuck ist ihre Nacktheit. Sie kann sowohl die empfangende dunkle Erde als auch die aktive Unendlichkeit des Alls manifestieren.

Es ist bezeichnend für das Niveau unserer Epoche, daß es an dieser Stelle angeraten ist zu betonen, daß die Erfüllung der Altar-Funktion durch eine Frau natürlich nur im Falle gegenseitigen Einverständnisses und Vertrauens erfüllt werden kann.

Der Altar verkörpert das Gesetz, und in der Satanistischen Magie ist der freie Wille des Menschen *immer* Bestandteil des Gesetzes.

Auf dem Altar befinden sich die magischen Werkzeuge (jeder Magier bevorzugt andere), schwarze Kerzen und was dir sonst noch wichtig erscheint.

Geize nicht! Der Altar kann gar nicht prachtvoll und betörend genug sein. Seine Größe sollte dem menschlichen Körper angepaßt sein. Über dem Altar befindet sich das Sigill des Baphomet, das Große Pentagramm des Set, das umgekehrte Kreuz oder eine andere symbolische Fassung des Fürsten der Finsternis.

Die Magischen Waffen

Die Magischen Waffen oder Werkzeuge erfüllen ihren Zweck in der Reizung der Sinne.

Farbe, Geruch, Geschmack, Klang und körperliches Empfinden sollten dementsprechend die Absicht des Rituals betonen.

Der Schwarze Tempel ist kein karges Einöd, sondern ein Ort der Fülle und Pracht. Betörende Düfte, elegante Seide, erlesene Weine, kostbarer Schmuck und leidenschaftliche Musik sind der Göttlichkeit deines Selbst angemessen.

Die mächtigste Waffe jedoch liegt nicht auf dem Altar. Die Emotionen und Sehnsüchte, die der Magier mit in den Tempel trägt, sein/ihr individuelles So-Sein zum Zeitpunkt des Rituals ist das kraftvollste Potential, über das Er/Sie verfügt.

Der Versuch, sich durch bannende Rituale in ein Gefühl von Reinheit und Klarheit zu versetzen, ist ein Anschlag auf die eigene Identität und eine Kastrierung der eigenen Kraft.

Außer im Fall eines magischen „Unfalls“ oder einer dir fremden, feindlichen Umgebung haben bannende Rituale in der Satanistischen Magie nichts zu suchen.

Ihr Hauptzweck besteht darin, deine Emotionen zu klären oder einzudämmen, dich zur Null zu machen, deren Leere zur Schöpferin stilisiert wird. Wenn du dich vor einer magischen Arbeit aufgewühlt, verwirrt, zornig oder hilflos fühlst, dann nimm die Kraft dieser starken Emotionen und binde sie an deinen Willen. *Fürchte nicht, daß ein Gott dich darum verleugne.* (Liber Al)

Merze jedes Scham- und Schuldbewußtsein, die Stigmata eines sterbenden, ängstlichen Gottes, in dir aus.

Die Magische Formel

Die besten magischen Formeln findest du in überlieferten Bildern, die eine Szene aus einem Mythos darstellen. Faustregel: je älter, desto besser.

Aleister Crowley hat einige sehr schöne Formeln im Buch Vier ausgearbeitet, deren wichtigste vielleicht LAShTAL ist. Sie kann etwa wie folgt übersetzt werden: „Ich bin ins Dasein gelangt, und ich habe erschaffen, was ins Dasein gelangt ist." Diese Aussage ist bezeichnend für die Satanistische Magie, in der das Selbst der Erschaffer, Bewahrer und Zerstörer aller wahrgenommenen Werte und Bedeutungen ist. Die grundlegende Tendenz schwarzmagischer Arbeit liegt in ihrer Bewegung aus der Einheit in die Vielfalt, aus dem Unterschiedslosen in die Differenzierung, dem komplexen und vielschichtigen Werden des bewußten Selbst. Der Magier/die Hexe sollte darauf achten, auf dem Weg zunehmender Differenzierung nicht in dualistischen Wahrnehmungsmustern hängen zu bleiben. Wir verdanken der christlichen Doktrin des freien Willens des Menschen, der zwischen Gut und Böse wählen muß, sehr viel, aber schließlich sind wir gewillt, jedes einengende Konzept zu überwinden.

Die Freiheit des Menschen liegt in der Vielfalt seiner existentiellen Wahlmöglichkeiten, und diese Vielfalt hängt ab vom Vermögen und Willen des Einzelnen, diese Freiheit zu beanspruchen und einzusetzen.

Die Schlange beißt sich in den Schwanz, klar. Doch das ist Teil ihrer Selbsterkenntnis, ohne die jegliche Freiheit nur eine Illusion bleibt. Daher ist das Ausarbeiten und Bewußtwerden der magischen Formel, welche deine Arbeit bestimmt, unabdingbar.

Die Andere Seite

Jedes schwarzmagische Ritual wirkt über die andere Seite, die astrale Welt. Die andere Seite ist eher zeitlich verschoben denn räumlich. Der Magier manipuliert in der Zukunft an dem, was werden soll. Dieses Reisen in der Zeit wird oft Astrale Magie genannt und hat den Anschein einer irgendwie höheren Sphäre oder eines substanzlosen, andersartigen Raumes.

Der Magier sollte sich jedoch nicht darüber hinwegtäuschen, daß die andere Seite nur wirklich innerhalb seines subjektiven Bewußtseins ist, wirklich (und dadurch wirksam) nur im Jetzt und Hier der magischen Gegenwart. Die „Astralwelt" entspricht in ihrer Realität exakt der Selbst-Bewußtheit dessen, der sie aufsucht. Sie stellt jenes erst zu entwickelnde Bewußtsein dar, in dem visualisierte Bilder und imaginierte Ideen eine physisch wahrnehmbare Wirkung ausüben.

Die andere Seite ist, ich wiederhole es nochmals, eine Fähigkeit des Bewußtseins, die durch jahrelange magische Praxis entwickelt werden muß. Dies spielt in der Ritualmagie eine entscheidende Rolle. Kurz gesagt: das Ritual und der Tempel selbst sind die andere Seite! Der Versuch, sich innerhalb eines Rituals in eine andere Welt zu projizieren, zeugt von einer Dummheit, wie sie kennzeichnend ist für den Magie-Romantizismus unserer Tage.

Die Satanistische Magie ist zu einem großen Teil übersteigerte dramatische Kunst, die der Ausübende mit starker Konzentration und wacher Aufmerksamkeit zelebriert. Im Ritual ist der Magier ein Gott, der etwas befiehlt oder vollbringt, was unwiderruflich ist und unvermeidlich geschehen wird. Also: flieg nicht weg, sei präsent und wach und tue deinen Willen. Das ist alles.

Die Ausgleichung

Die Ausgleichung, das Gleichgewicht oder die Balance ist von ungeheurer Bedeutung, doch nur schwer zu vermitteln. Sie entspricht ziemlich genau dem Grad der Selbsterkenntnis des Magiers und der Hexe. Die große Schwierigkeit besteht darin, sie gewollt herbeizuführen und einzusetzen. Der Magier muß in der Lage sein, die Wellenbewegungen seines Geistes (vritti) auf ein unendliches Minimum zu reduzieren, ohne dabei in Nullbewegung zu verfallen. Die vollkommene Ruhe würde nämlich den Verlust der willentlichen Kontrolle bedeuten, der sich im Absinken in Unbewußtheit oder im Auflösen des individuellen Selbstbewußtseins (neudeutsch: Satori oder Erleuchtung) äußern kann. Diese sukzessive Annäherung an den entropischen Tod des Selbstbewußtseins ist eine heikle und riskante Angelegenheit. Sie hat initiatorischen Charakter, der jedoch bei der magischen Arbeit ignoriert werden muß.

Die Ausgleichung ist glücklicherweise nur in wenigen Ritualen der Satanistischen Magie ein notwendiger Faktor. Aber (wen wundert's?) es sind genau jene Rituale, die die individuelle Entwicklung am stärksten begünstigen.

Die Ausgleichung, symbolisiert durch die Feder der Maat, trennt früher oder später die grobe Spreu vom wertvollen Weizen. Viele selbsternannte Satanisten erwartet eine böse Überraschung in der Halle der Prüfungen.

Shaman I´am

Wenn man sich in der Literatur der magischen Traditionen auch nur oberflächlich auskennt, wird einem immer wieder die ungeheure Diskrepanz offenbar, die zwischen den alten schamanistischen Praktikten und den Techniken der modernen westlichen Magier besteht.

Letztere sind, mit einem Wort, harmlos.

Man vergleiche eine Bande von hechelnden Chaoisten mit den blutigen Riten, die junge Stammesmitglieder während einer indianischen Aufnahmezeremonie durchmachen müssen.

Man vergleiche auch die pilzvertilgenden Hippie-Heads, die sich in lichtvollen, psychedelischen Visionen ergehen mit der strapaziösen Ayahuasca-Zeremonie, die Michael Harner in *Der Weg des Schamanen* schildert und die er um Haaresbreite überlebt hat.

Die wenigsten Magier der westlichen Welt haben eine Vorstellung von der Wirkung, die starke psychotrophe Pflanzen in Kombination mit Todesängsten und stundenlanger Bewegungsaktivität ausüben können.

Und dies ist der Grund, warum Bücher über Magie immer wieder vollgestopft sind mit pseudorationalen Erklärungen, wie Magie angeblich funktioniert. Es handelt sich dabei ausschließlich um dem Schattenboxen verwandte Versuche, das tiefverwurzelte Mißtrauen gegenüber dem eigenen Tun mit dem Kopf zu bannen. Und das Mißtrauen der Magier in ihre Magie ist die beste Erklärung für den mangelnden Erfolg in dieser Kunst.

Hexen und Zauberinnen leiden deutlich seltener unter diesem Syndrom. Es scheint wirklich so zu sein, daß Frauen, die einmal in das Mysterium ihrer Weiblichkeit eingetaucht sind, weniger dazu neigen, den Kontakt zu ihrer Urkraft wieder zu verlieren als ihre männlichen Kollegen, die vom Dämon der Angst leichter zu fesseln sind.

Was uns bekannt ist über die Ausbildung eines Stammesmitglieds zum Schamanen macht deutlich, daß die Männer (oft schon in sehr jungen Jahren) äußerst drastischen Prüfungen ihrer Furchtlosigkeit und Tapferkeit unterzogen werden, die sie lehren sollen, jeder Herausforderung stark und im Vertrauen auf die eigene Kraft zu begegnen. Desgleichen wird man in unseren Breiten und Zeiten vergeblich suchen.

Der angehende Schwarzmagier wird sich daher selbst um seine Initiation in die eigene Kraft kümmern müssen. Ein Unterfangen, das ohne Intelligenz und Willen geplant und konsequent durchgeführt, definitiv im Grab oder der Psychiatrie enden wird.

Die Praxis der Schwarzen Magick ist ein verlängerter Arm der natürlichen Auslese, und ihre Geheimnisse schützen sich tatsächlich selbst vor den Unwürdigen.

Jede Art von Selbst-Verleumdung wird im Luciferischen Feuer vernichtet.

Ein unerwünschtes Licht, doch höchst begehrenswert. (Liber Al)

Die Satanistische Magie des Anton Szandor LaVey

„Die von LaVey gelehrten magischen Techniken waren recht primitiv und blieben weit hinter den reflektierten Systemen, wie sie etwa von Okkultisten wie Crowley oder Spare in der ersten Hälfte des 20. Jahrhunderts entwickelt wurden, zurück.“ So resümiert Joachim Schmidt (*Satanismus – Mythos und Wirklichkeit, S. 163)* seine Studien über die Magie Anton S. LaVeys und der First Church of Satan. Der Autor des genannten Buches ist bisher der einzige, der sich um eine kritische und faire Auseinandersetzung mit dem Satanismus bemüht hat. Seine Beurteilung der Satanistischen Magie entspricht jedoch haargenau dem, was man von einem zeitgenössischen Magier erwartet, der in seinem Streben nach Vergeistigung andere, handfestere Formen der Magie unweigerlich als primitiv bezeichnen muß.

Wer die Satanistische Magie zu verstehen versucht, indem er sie mit anderen, etablierten Spielarten des Okkultismus vergleicht, hat nicht verstanden, daß sowohl die Prämissen wie auch die Absicht des satanischen Rituals ganz eigenen Quellen entstammen. Und diese Quellen sind nicht in einer vermeintlichen, seit Jahrhunderten überlieferten Tradition geheimen Wissens zu finden. Im Gegenteil: die menschlichen Bedürfnisse, ganz gleich, um welche es sich handelt, sind Ausgangspunkt und Antrieb, und ihre Befriedigung das Ziel des satanischen Rituals.

Den Kopfgenossen unserer Zeit scheint die Vorstellung unanehmbar, daß ein Mensch sich einen Dreck um metaphysische oder spirituelle Belange schert und statt dessen eine Religion (und um eine solche handelt es sich bei dem Satanismus Anton LaVeys und Michael Aquinos) entwirft, deren Zweck erfüllt ist, wenn seine/ihre Bedürfnisse befriedigt werden. Da ist rein gar nichts von überindividuellen Werten in der Satanistischen Magie! Anton LaVey hat diesen Aspekt mit nie dagewesener Deutlichkeit ausformuliert, gelehrt und zur Basis seiner Magie gemacht.

Und diese Magie funktioniert! Vermutlich gerade deshalb, weil sich der Satanist mit seinem durchaus egoistischen Willen nicht hinter „reflektierten" Symbolsystemen versteckt, sondern sich seines Wollens bewußt ist und sich nicht schämt, die Erfüllung seiner Wünsche zu verlangen. Ohne dieses aufrichtige, selbstbewußte Begehren bleibt jede Magie nur ein Mummenschanz, ein feiges Verstecken vor der gefürchteten Strafe eines „Über-Ich".

Jeder intellektuelle Einwand ist Unsinn. *The Satanic Bible* und *The Satanic Rituals* von Anton S. LaVey enthalten alle notwendigen Hinweise zur Ausführung des Satanischen Rituals. Sie sind bei *Avon Books* für umgerechnet je 12,- DM pro Taschenbuch erhältlich.

Praktiziere diese Magie und vergleiche sie mit deinem letzten Chaos-Ritual.

Die magischen Lehren des Temple of Set

Im Jahre 1975 offenbarte sich dem Priester des Satan Michael A. Aquino eine Wesenheit, die sich als Set vorstellte und ihm das *Book of Coming Forth By Night* diktierte, welches die Geschichte des Satanismus in ein neues Licht rückt und um neue Aspekte auf entscheidende Weise erweitert. Der Temple of Set legt großen Wert auf Geheimniskrämerei; wir wollen das respektieren und die Inhalte dieser Schrift hier nicht öffentlich diskutieren.

Die innerhalb des T.O.S. praktizierte Magie wird Black Magick genannt und in Größere und Kleinere Magie kategorisiert. Die Kleinere Schwarze Magick umfaßt alle Techniken zur direkten, unmittelbaren Beeinflussung der Eigen- und Umwelt. Sie beinhaltet Kenntnisse und Fertigkeiten z.B. der Psychologie, der Kampfkünste, der Kosmetik, des NLP oder der Körpersprache.

Die Größere Schwarze Magick bezeichnet alle Techniken, mit denen das eigene Selbst in einen einzigartigen, vom natürlichen, objektiven Universum getrennten selbstexistenten Gott verwandelt werden kann. Ziel ist es, ein sich seiner selbst bewußtes Wesen zu werden, das sich den natürlichen Gesetzen des Entstehens und Verfallens entzieht, indem es selbst zu einem unaufhörlichen Werden wird: einem Werden mit Bewußtsein seiner selbst. Mit anderen Worten: die Größere Schwarze Magick hat die Unsterblichkeit des Selbst-Bewußtseins zum Ziel. Die Praxis der Größeren Schwarzen Magick kennt daher keine vorgegebenen Regeln oder Techniken. Die geeignete Methode kann nur und muß von ihm/ihr selbst gefunden oder entwickelt werden. Die eigene Unsterblichkeit ist nunmal eine urindividuelle Angelegenheit.

Der Temple of Set, man muß es einfach eingestehen, steht auf ziemlich einsamer Höhe. Das intellektuelle, ethische und auch magische Niveau dieser Organisation übertrifft vermutlich alles, was bisher von magischen Orden des 20. Jahrhunderts geleistet wurde. Bei allem Respekt vor den Arbeiten z.B. von Pete Carroll oder Ramsey Dukes, die so entscheidenden Einfluß auf die moderne Magie ausüben, darf man nicht übersehen, daß wirkliche Magie kaum noch öffentlich diskutiert, geschweige denn praktiziert wird. Unter wirklicher Magie verstehe ich hier jene Kunst, die neue Wissenschaften hervorbringt, statt populäre wissenschaftliche Modelle zur Rechtfertigung der eigenen Existenz heranzuziehen. Die europäische Magie ist eine Magie, die aus einem Gefühl des Mangels statt des Überflusses handelt. Ralph Tegtmeiers *Eismagie* kann als Versuch betrachtet werden, hier Abhilfe zu schaffen.

Die magischen Lehren des T.O.S werden in dem Wort *Xeper* (gesprochen: Kheffer), das dem Ägyptischen entlehnt ist und *Werden* oder *Ins-Dasein-Gelangen* bedeutet, zusammengefaßt. Die vollständige Formel des vom Temple proklamierten Äons von Set lautet:

Xepera Xeper Xeperu

Sex-Magick

Dieses Kapitel skizziert den theoretischen Hintergrund und beinhaltet praktische Übungen einer Sexualmagie, die von zwei Individuen gemeinsam entwickelt wurde mit der Absicht, nicht ein Jota von den Bedürfnissen persönlicher Erfüllung zum Zweck magischer Beeinflussung abzuweichen. Während eine homoerotische Praxis ohne weiteres aus dem vorliegenden Material abgeleitet werden kann, wurde auf die autoerotische Praxis der Sexualmagie nicht ausführlich eingegangen, da sie vorausgesetzt werden muß als Grundlage nicht nur jeder Form der Sexualmagie, sondern auch der Verwirklichung der eigenen sexuellen Bedürfnisse und Wünsche. Die Bezeichnung „Linker Pfad" betont überdies nachdrücklich die Einbeziehung des anderen Geschlechts in die magische Praxis. Die Überwindung jedweder Emanation der Angst ist eine Hauptaufgabe der schwarzmagischen Praxis. Kurioserweise ist jedoch gerade die Angst vor sexuellen Impulsen ein nahezu unverwechselbares Merkmal so vieler Abhandlungen zur sexualmagischen Praxis, daß sich der Verdacht aufdrängt, die Autoren seien eher bemüht, die Schlange im Zaum zu halten denn auf ihr zu reiten. Gregorius, der allen Dämonen dieser und anderer Welten furchtlos begegnen konnte, schlotterte vor Angst, wenn er nur an eine Frau dachte. Das Standardwerk „Handbuch der Sexualmagie" von Frater V.D. beschränkt die Übungen zur Beckenbodenstärkung auf Kontraktionen, um jede Freisetzung starker physischer Begierden zu vermeiden, die durch dynamische Beckengymnastik ausgelöst werden können. Um wirksame Magie ausüben zu können, muß jedoch nicht nur die Furcht vor Tod und Teufel überwunden werden, sondern auch die ebenso tief sitzende Angst vor der Liebe, dem großen Dämon im Schatten hochtrabender Hirngespinste.

Die Notwendigkeit eines Partners zur Ausführung der Sexualmagie des Linken Pfades sollte als Herausforderung verstanden werden, tatsächlich zur Tat zu schreiten und sich mutig und selbstbewußt um eine/n geeignete/n PartnerIn zu kümmern, statt darauf zu warten, daß der oder die „Richtige" zu geeigneter Zeit vom Schicksal herbeigelotst wird. Sollten diese Bemühungen allerdings erfolglos bleiben, so kann man sich getrost den Stempel der Unfähigkeit auf die Stirn drücken lassen.

Einführung

Die Sexualmagie ist vermutlich die älteste Form kultischer Magie und zugleich der Auslöser und ungewollte Protagonist der Rückkehr der Magie ins Bewußtsein des zwanzigsten Jahrhunderts.

Es ist eine merkwürdige Tatsache, daß die Sexualmagie, obwohl sie eine der wirksamsten und authentischsten Disziplinen der Schwarzen Künste ist, bis heute nur in lächerlich geringem Umfang öffentlich behandelt und diskutiert wurde. Leider ist es zum üblichen Gebrauch geworden, diese Tatsache allein mit der körper- und sexualfeindlichen Dogmatik der unter judeo-christlicher Vorherrschaft stehenden Kultur des Abendlandes zu erklären und es dabei zu belassen, wieder einmal einen Sündenbock identifiziert zu haben. Doch ist diese Erklärung nicht nur dürftig, sondern auch unschlüssig. Denn wenn wir uns z. B. im Osten umschauen, werden wir auf dem indischen Kontinent eine Prüderie und geradezu verachtende Einstellung zum menschlichen Körper entdecken, die jede europäische (außer vielleicht die britische) Verklemmtheit um vieles übertrifft. Und zugleich, nur eine Ecke weiter, finden wir dort eine unvergleichlich vielfältige und ausgefeilte Magie und Mystik der sexuellen Liebe. Außerdem ist es eine unverzeihliche Kurzsichtigkeit, die Moralität der letzten 150 Jahre gleichzusetzen mit 3000 Jahren abendländischer Geschichte. Immer wieder gab es in Europa Epochen der Freizügigkeit und Unbefangenheit im Umgang mit der Sexualität und ihrer religiösen oder magischen Anwendung, auch über die bekannten Fruchtbarkeitsriten hinaus. Die Geschichtsschreibung ist nicht so monoton an christlichen Idealen orientiert, wie irrtümlicherweise allgemein angenommen wird.

Der offenkundige Mangel an überliefertem Wissen zum bewußten Umgang mit dem kreativen Potential des Sexus bestätigt vielmehr eine alte sowohl Dichtern wie auch Magiern wohlbekannte Wahrheit: daß das, was so alltäglich, natürlich und praktisch „näher als die Halsschlagader" ist, schlicht und einfach nicht wahrgenommen wird!

Daß der Sexualinstinkt Gott ist, war vielleicht nicht nur eine der vielen schrulligen und mehrdeutigen Bemerkungen von Meister Therion, sondern eine von mehreren tantrischen und sufischen Sekten geteilte Ansicht. Vielleicht liegt in der Wahrheit dieser Aussage der eigentliche Grund für das auffällige Schweigen über die große magische Bedeutung des sexuellen Instinktes (zugegeben kein sehr glücklicher Begriff, aber ein vielverstandener). Darüberhinaus ist auffallend, daß jene Kulte, deren Verehrung und Ritual den Kräften der Sexualität galten, unabhängig davon, in welchem Erdteil sie beheimatet waren (oder sind), stets im Geheimen bzw. im Untergrund existierten. Und da das „Bewahren von Geheimnissen" ein herausragendes Charakteristikum der abendländischen Magie darstellt, nimmt es nicht weiter Wunder, wenn praktisch nichts in schriftlicher Form zu jenem „Mysterium der Mysterien" zur Verfügung steht.

Doch dieser erste Eindruck täuscht. Denn die Lehren sowohl der Gnostiker (v.a. der Ophiten und Barbelo-Gnostiker) wie auch der Alchimisten aus verschiedenen

Jahrhunderten strotzen nur so vor verschlüsselten Informationen zur kontrollierten Entwicklung und Handhabung der in der Sexualität offenbar werdenden, im Menschen schlummernden Kräfte. Vor allem die Alchimie (des Westens wie des Ostens) verfügt über einen sehr aufschlußreichen Codex von Mitteilungen, die, einmal entschlüsselt, eine sexuelle Auslegung nicht nur nahelegen, sondern, und dies sollte das wichtigste Kriterium sein, die sich in der sexualmagischen Praxis als überaus umsichtig und zutreffend erweisen. Ein gutes Beispiel ist das Wissen der hermetischen Philosophen um die Bedeutung der verschiedenen Arten des *magischen Feuers*, die sich in ihrem transformatorischen Werk vereinigen und gegenseitig unterstützen müssen. Die Hermetiker unterscheiden z.B. zwischen dem *natürlichen Feuer* und dem Feuer *gegen die Natur,* welche unterschiedliche Funktionen ausüben und vom Willen des Alchimisten gelenkt werden müssen, um das begehrte Elixier hervorzubringen.

Mit anderen Worten: wir dürfen auf unserer Suche nach Instruktionen und Wissen zur Sexualmagie nicht erwarten, daß unsere Vorstellungen bezüglich der Sprache und Herangehensweise an die magische Nutzung der sexuellen Kräfte zwangsläufig mit jenen unserer VorgängerInnen übereinstimmen. Die Sprache der Alchimisten mag uns unverständlich sein, war aber Gemeingut und ein plausibles Symbolsystem unter jenen Hermetikern, die sich mit der Theorie und Praxis der Alchimie befaßten. Und was die Apologetik überlieferter alchimistischer Texte betrifft, so sollte man nicht alles für bare Münze nehmen, was sich als alchimistisches Gold ausgibt. Julius Evola ist vermutlich der einzige, der die Mühen einer gründlichen und gewissenhaften Darstellung alchimistischer Verfahrensweisen auf sich genommen hat. Sein Werk *Die hermetische Tradition* ist wahrlich nicht einfach zu lesen, doch das ändert nichts an seiner unübertroffenen Deutlichkeit. Ähnliches gilt für die Sexualmagie A. Crowleys, die zwar von verschiedenen Autoren behandelt und dargelegt wird, jedoch bis heute nicht vollständig und gründlich analysiert, geschweige denn zu einem kohärenten und nachvollziehbaren System magischer Praxis ausgearbeitet und als solches publiziert wurde. Es ist wohl kaum zu leugnen, daß es sich dabei um Grundlagenwissen der Magie des zwanzigsten Jahrhunderts handelt, und die Magie wird nie den Status der Wissenschaftlichkeit erlangen, wenn sie derart schlampig mit ihren Grundlagen umgeht.

Auch wenn es anfangs nicht danach aussah, haben wir doch einige Quellen zu Theorie und Praxis der Sexualmagie ausfindig gemacht und sollten nun vorbereitet sein, sie nicht unbedingt als solche gekennzeichnet vorzufinden. Außerdem gibt es da noch jene Quelle des Wissens, die unserer eigenen Erfahrung entspringt. Denn die Sexualität ist ein Forschungsgebiet, das (fast) jedem vertraut ist und offen steht für jene, die ihrer eigenen Urteilskraft und Intelligenz noch soweit vertrauen können, um eigene Schritte zu tun in einem Dunkel, in dem letztendlich kein geborgtes Licht helfen kann.

„Alles habend, alles wissend seufzen sie:

'Karges Leben! Drang und Hunger überall!

Fülle fehlt!'

Speicher weiß ich über jedem Haus

Voll von Korn das fliegt und neu sich häuft -

Keiner nimmt...

Keller unter jedem Hof wo siegt

Und im Sand verströmt der Edelwein -

Keiner trinkt...

Tonnen puren Golds verstreut im Staub:

Volk in Lumpen streift es mit dem Saum -

Keiner sieht."

Stefan George, *Der Stern des Bundes.*

Father the Moonchild when the moon is NOT

In der zeitgenössischen Magie stellt die Sexualmagie lediglich eine, zugegeben sehr potente, Möglichkeit dar, die magische Trance oder Gnosis zu erlangen, die als unerläßlich für eine erfolgreiche „Veränderung auf der fein- oder grobstofflichen Ebene im Einklang mit dem Willen mittels veränderter Bewußtseinszustände" erachtet wird. Die populären Modelle der Magie betonen in geradezu stereotyper Weise die Wichtigkeit jenes anderen Bewußtseinszustandes, um wirksam Magie ausüben zu können. Eine kritische Untersuchung dieses Modells ist von äußerster Dringlichkeit, um die Weiterentwicklung der Magie zu garantieren, und wird ansatzweise im Kapitel *Greater Black Magick* unternommen. Wir müssen uns jedoch, um die Praxis der Sexualmagie des Linken Pfades verstehen zu können, einen klaren Begriff davon machen, welche Vorstellungen die Praxis der Sexualmagie in der Gegenwart bestimmen.

Glücklicherweise existiert ein exemplarisches Beispiel der „gewöhnlichen" sexualmagischen Praxis in Form des Buches *Handbuch der Sexualmagie* von Frater V.D. (akasha-verlags gmbh), das in offener und verständlicher Sprache das Thema der Sexualmagie angeht, und zwar auf eine für jeden auch nachvollziehbare, an der Praxis orientierten Weise. Das Buch vermittelt nicht unbedingt neue Sichtweisen oder Praktiken, bietet jedoch einen übersichtlichen, stufenweise aufgebauten Lern- und Übungsplan, der bei genauer Einhaltung zu den versprochenen Ergebnissen führt. Das soll hier keineswegs in seinem Wert gemindert werden, wenngleich die strikte Verwendung der induktiven Methode, die der Autor ganz offensichtlich schätzt, gewisse Nachteile mit sich bringt, die gerade in der Praxis der Sexualmagie deutlich hervortreten. Doch dazu an anderer Stelle mehr. Wir wollen hier nur das theoretische Gebäude, auf dem die Praxis basiert, untersuchen, und dieses wird nicht nur von Frater V.D. vertreten, sondern ist nahezu ein Allgemeingut der magischen Praxis geworden.

Jede einzelne der in dem Handbuch vermittelten Übungen ist Rüstzeug eines jeden Magiers und einer jeden Hexe. Die Essenz der Methode besteht darin, die eigenen sexuellen Kräfte zu befreien, d.h. verfügbar zu machen, sie dann nach und nach zu erhöhen, dann zu kontrollieren und sie schließlich dem Willen (z.B. in Form eines Bildes oder eines Sigills) zuzuführen und ihn damit magisch aufzuladen. Es handelt sich dabei um ein Konzept von Freisetzung, Kontrollierung und Lenkung von Energie oder „Magis". Zufällig handelt es sich dabei um sexuelle Energie und daher um Sexualmagie. Die Sexualität dient hier lediglich dazu, das nötige Quantum Energie beizutragen.

Im Grunde ist diese Art, über Prozesse oder Veränderungen nachzudenken, präeinsteinisch und monistisch. Die Betrachtungsweise der Energetik, mit ihrem fokussierten Blick auf die verlangte Effizienz, negiert de facto die Bedeutung unterscheidender Wahrnehmung, die in der sexuellen Begegnung eine viel größere Rolle spielt als der Vorrat oder die Menge an „sexueller" Energie, welche auch ohne den andersgeschlechtlichen Partner zur Verfügung steht. Die autoerotische Praxis spielt daher auch eine zentrale Rolle in Frater V.D.s sexualmagischem Training, und ihre basisliefernde Bedeutung soll auch gar nicht bestritten werden. Wir müssen uns nur klar vor Augen halten, daß hier ganz offensichtlich etwas oder besser jemand fehlt: das andere Geschlecht. Es (Er oder Sie) wird auch gar nicht unbedingt benötigt, denn alles, worum es dabei geht, ist das Aufbringen von ausreichend Energie, um den inneren Zensor, den Mind auszuschalten und die magische Trance zu erlangen. Die heteroerotische Praxis äußert sich schließlich in einer schlichten Summierung zweier Energiepotentiale, die auf ein gemeinsames Ziel fokussiert werden. Desgleichen geschieht dann auch in Gruppenritualen: Energie, Energie und nochmals Energie bzw. „Magis". Die Unterschiede zwischen der Sexualität der Frau und des Mannes werden nur unzureichend berücksichtigt. Natürlich gestalten sich die einzelnen Übungen für jedes Geschlecht anders und auch das Ritual weist beiden verschiedene Rollen zu, dennoch bleibt das *Wesen* der Frau und des Mannes unberührt.

Doch sind es genau diese essentiellen Unterschiede, die das Erschaffen neuen Lebens ermöglichen oder in anderen Worten: das ins-Dasein-Gelangen des Willens.

Niemand wird so dumm sein, diese offensichtliche Bedeutung der Sexualität zu leugnen und die völlig unterschiedlichen Funktionen, die der Mann und die Frau im Zeugungsprozeß erfüllen, ignorieren können. Es ist diese das Wesen betreffende Unterscheidung zwischen Frau und Mann, bzw. ihrer und seiner Sexualität, um welche die Sexualmagie kreist, fernab jeden Bezugs zu universalen oder kosmischen Polaritäten. Die Sexualmagie des Linken Pfades befaßt sich ausdrücklich mit den für viele Menschen vertrauten Prozessen von Zeugung und Geburt neuen Lebens, die zu magischen Zwecken eingesetzt werden, und dies auf eine Weise, die jede an Symbolen oder Metaphern orientierte Auffassung zurückweist. Die Fähigkeit, mit einem hohen Niveau sexueller Energie umgehen zu können, wird dabei als selbstverständlich vorausgesetzt. Doch ist die Grundlage eine völlig andere als jenes Konzept, das mehr auf die Quantität der sexuellen Energie als auf die Qualität (welches kein wertender Begriff ist! Sie bezeichnet lediglich eine andere Kategorie als Quantität.) des Geschehens achtet.

Theorie und Praxis der Sexualmagie des Linken Pfades verlangen eine sowohl geistig wie auch emotional ganz eigene Vorgehensweise, deren Verständnis vor allem die Lösung vom räumlich-energetischen Denkansatz bedarf, um zu einem eher zeitlich-musteralen Denken hinzuführen, welches geeigneter ist, jene Prozesse und Aktivitäten zu verstehen, die die Magie des Linken Pfades charakterisieren. Es sind nicht ganz, aber fast Adam und Eva (oder ist es Lilith?), wo wir wieder beginnen müssen. Besser gesagt: X und Y.

Es ist allgemein bekannt, daß neben den 24 Chromosomen, die das gesamte Erbgut tragen, der Mann ein X- und ein Y-Chromosom, die Frau zwei X-Chromosomen besitzt. Ebenso bekannt ist, daß das Spermatozoon entweder Träger eines X- oder eines Y-Chromosoms und die Eizelle stets X ist. Die Verschmelzung eines Spermatozoons mit der Eizelle fixiert das Geschlecht des Kindes, obwohl es während der ersten sechs Wochen latent bleibt. Anschließend entwickelt sich die undifferenzierte Keimdrüse zu den entweder männlichen oder weiblichen Geschlechtsorganen. Es sieht so aus, als würden Mann und Frau gleichermaßen an der Entstehung neuen Lebens und zur Bestimmung seines Geschlechts beitragen. Nun stimmt weder das eine noch das andere zwangsläufig. Denn erstens haben französische und amerikanische Biologen (Alfred Josts/Stephen Wachtel) entdeckt, daß das Entfernen der Keimdrüse, bevor sich das latente Geschlecht manifestiert hat, immer einen weiblichen Embryo hervorbringt, unabhängig davon, ob das Spermatozoon Träger eines Y- oder X-Chromosoms war. Und noch erschütternder für das stolze Selbstbild des Mannes ist der zweite Einwand gegen die Gleichberechtigung von Mann und Frau im Zeugungsprozeß: denn es scheint tatsächlich so zu sein, daß eine Eizelle auch ohne Samenzelle, lediglich durch chemische oder elektrische Stimulation, befruchtet werden kann. Es wäre technisch möglich, dem Uterus eine menschliche Eizelle zu entnehmen, sie zu stimulieren, elektro-chemisch zu befruchten, und wieder in die Gebärmutter einzupflanzen. Bei dieser partheogenetischen Art der Fortpflanzung würde natürlich die Vermischung und Verbreitung der Gene ausbleiben und somit die Differenzierung und künftige Evolution der Gattung. Der zentrale Punkt liegt jedoch in der Freiheit und Unabhängigkeit der Eizelle vom männlichen Samen. Die Frau hat es nicht nur in der Hand, selbst zu entscheiden, ob ein latenter Sohn tatsächlich zu einem solchen oder nicht doch zu einer Tochter wird, sondern auch, ob sie bei der Zeugung neuen Lebens die Unterstützung eines Mannes und seines Samens annimmt oder nicht.

Dieser Tatsache sollte sich der Mann (und auch die Frau) stets bewußt sein, wenn eine Frau ihm das Recht und die Macht gewährt, das Geschlecht ihrer Frucht der

Vereingung mitzubestimmen. Sehr viel vom persönlichen Selbstwert des Mannes liegt darin, der aufgrund seiner Kraft und Tugend (viritas) Auserwählte zu sein. Selbstverständlich wollen wir hier nicht einer dem biologischen Diktat unterliegenden „Survival-Ethik“ das Wort reden, ganz im Gegenteil, wie gleich deutlich werden wird.

Fassen wir das oben Gesagte noch einmal zusammen, so ergibt sich daraus das Fundament einer Sexualmagie, welche die Gesetzmäßigkeiten der Natur erkennt, beachtet und willentlich einsetzt: der Mann als Träger des Samens ist beteiligt bei der „Bestimmung des Geschlechts“, d.h. der Ausrichtung des Willens. Die Frau empfängt diesen Samen, verschmilzt mit ihm, trägt die gemeinsame Frucht aus und gebiert sie. Nun ist die Magie des Linken Pfades nicht damit zufrieden, die Gesetze der Natur zu befolgen, vielmehr liegt ihr daran, diese zu überwinden und neue, nichtnatürliche Möglichkeiten des Lebens zu entwerfen. Die Sexualmagie kann ein wunderbar nützliches Werkzeug dazu sein, da sie so direkt mit jenen Kräften operiert, welche als die tiefste dem Menschen zugängliche Quelle des Lebens gelten. Auf den ersten Blick mögen die folgenden Ausführungen nur obsolete Wahrheiten implizieren, doch der entscheidende Ansatz zur Praxis des Linken Pfades liegt nur kurz hinter dem ersten Eindruck. Denken vor dem Tun ist wichtiger als danach!

Der gesamte Prozeß von Befruchtung, Verschmelzung, Schwangerschaft und Geburt wird in die Zeit der Menstruations-Phase der Frau verlegt. Zur Zeit des Neu- oder Schwarzmondes, jener Zeit, in der die Zeugung nicht dem Diktat der Natur unterworfen ist und zwangsläufig biologisches Leben hervorbringt, ist der Wille der Frau in der Lage, sich von den Fesseln der Natur vollends zu befreien und eine eigene und selbstentworfene Schöpfung zu manifestieren. Es ist die Frau der roten Finsternis, welche ihre natürlichen Fähigkeiten einsetzt, um die Natur selbst zu überlisten und zu überwinden. Und es ist der dunkle Mann des mitleidlosen Willens, welcher der schwarzen Göttin zur Erzeugung unnatürlichen Lebens seine Kraft gibt oder „opfert“. In diesem sexualmagischen Akt ist die Begegnung mit dem Tod unausweichlich, denn hier werden die schöpferischen Kräfte der Natur erweckt, gerufen und dann daran gehindert, ihre natürliche Funktion des biologischen Leben-Schaffens zu erfüllen, um sich stattdessen dem Primat des menschlichen Willens zu unterwerfen. Es ist ein großer und verhängnisvoller Fehler, anzunehmen, dies sei nur eine schmucklose Metapher für den gewöhnlichen Prozeß der willentlichen Lenkung der sexuellen Energie. Das Leben wird gezwungen, in eine Bahn zu strömen, die seiner Selbsterhaltungs-Tendenz zuwiderläuft. Denn es ist der überpersönliche Zweck des sexuellen Instinktes, die Gattung (ein im Vergleich zum Individuum gewaltiges Aggregat von Leben) fortzupflanzen und Leben in seiner bestehenden Art zu erhalten. Und genau diesem Zweck eines überpersönlichen Willens stellen die Frau und der Mann ihren eigenen Willen entgegen. Ein hybrides, unmögliches Vorhaben? Nein, gewiß nicht. Die Natur wird nur schwer durch die Kraft des Willens allein überwunden werden können, doch mit Hilfe der hochentwickelten Intelligenz des Menschen ist das möglich: durch eine genaue, auf Erfahrung fußende Kenntnis so vieler einzelner Abschnitte (und ihrer Relation zueinander) wie nur möglich.

Die Sexualmagie des Linken Pfades dient nicht zuletzt der Schaffung einer neuen Spezies. Ihre Methode ist wie jene der anderen Disziplinen der Schwarzen Magick jene des Auslebens und der Ausdehnung des individuellen Bewußtseins. Insofern man von der Individualität als einem unveränderlichen Seinsstatus denkt, scheint dies dem „selbstlosen" Ziel der Schaffung wirklich neuer Formen des Lebens zu widersprechen. Doch jedes Individuum ist ein Werdendes, dem Bekannten wie dem Unbekannten gleichermaßen zugetan, ohne sich von einer Partei vereinnahmen zu lassen. Werdende widersetzen sich einfach jeder Form der Stagnation, und die Magie des Linken Pfades betrachtet die geistlose Wiederholung von Leben auf rein organischer Ebene als ein stagnierendes Element auf dem Weg zu umfassenderen und differenzierteren Formen bewußten Lebens.

Bis zum heutigen Tag ist das Gros der Menschheit jener Linie der Evolution gefolgt, welche die Natur in immer neuen Formen hervorbringt, in Formen, die immer der Vorgabe der Chromosomen bzw. Gene folgten, ganz gleich in welcher Vielfalt sich die DNS letztendlich ausgelebt hat. Das Gesetz der Fortpflanzung des Lebens über die Äonen hinweg wird in fast allen Kulturen dieser Welt durch den vollen weißen Mond symbolisiert, welcher jene Phase des weiblichen Zyklus anzeigt, in der die Frau fruchtbar und empfänglich für die Samenzelle des Mannes ist. Die unfruchtbare, nicht der Schaffung neuer Entwürfe des Bios dienende Frau, angezeigt durch die Menstruationsphase des ovarialen Zyklus und symbolisiert durch den Schwarzmond oder die schwarze Sichel des Neumonds, wurde dagegen als wertlos, „versaut" und als Teufelsbuhlerei diffamiert.

Die ganze traurige Geschichte von der Verdrängung und Unterdrückung der Bedeutung des Menstruationsblutes als *Sacer mens* (Sakrament) erzählt Jutta Voss in ihrem vor verblüffenden Informationen strotzenden Buch *Das Schwarzmond-Tabu*. Eine der wichtigsten Thesen der Autorin wird auch von Eluan Ghazal, Soziologin und orientalische Tänzerin, geteilt. Der folgende Auszug stammt aus ihrem Buch *Schlangenkult und Tempelliebe:* „... aber dabei ging auch etwas verloren, denn vom lateinischen Wort *menses* (Monat) leitet sich auch *mens* (Sinn, Verstand, Mentalität) und *mensura* (Maß) ab. Der Mond war auch der erste Zeitmesser, und als sich Primatenfrauen vor vielen Hunderttausenden von Jahren organisch nach dem Mond zu richten begannen, ihre Empfänglichkeit also vom Jahresrhythmus lösten, konnte die nun freibewegliche Kraft der Libido der mentalen Entwicklung zugeleitet werden. Und ich nehme an, daß damit überhaupt erst die Entwicklung der „Men-schen" begann." (S. 72) Eine im Mittelmeerraum weitverbreitete Bezeichnung für die elementare Mond-Blut-Göttin ist IO. Im italienischen ist Io das Wort für „Ich". Jutta Voss nennt IO die „Göttin der Bewußtwerdung des 'Ich'."

Die Evolution des Lebens auf diesem Planeten hat ein Wesen, den Menschen, hervorgebracht, das seine Bewußtseinsfähigkeiten derart stark ausgebildet hat, daß es sich seiner Existenz bewußt wurde. Diese Selbstbewußtheit bedeutet eine riesige

Möglichkeit ohne gleichen und ist weder ein Fluch noch eine zu überwindende Illusion. Bildlich gesprochen: es ist möglich und nötig geworden, den Schalter umzudrehen. Jetzt, da der Mensch über die Möglichkeit der Selbstevolution verfügt, kann es nicht unser Ziel sein, die natürliche, dem Zugriff des Bewußtseins entzogene Fortpflanzung weiterzuführen unter Mißachtung aller Folgen, die uns schon heute klar sein sollten. Der Mensch verwirklicht seine eigene, den Tiefen des Nicht-Bewußten entwachsende selbstmörderische Sehnsucht nach endgültigem Frieden und (haha!) innerer Ruhe vor allzu großer Beanspruchung. Die Krise dieses Planeten ist aber kein Zufall. Das Leben ist sich seiner selbst bewußt geworden und kennt keine Verwendung mehr für die engen und beschränkten Vorstellungen, die sich die meisten Menschen von ihm machen. Es ist bereit, über Grenzen zu gehen, von denen der Mensch noch immer denkt, sie definierten das Leben. Doch die DNS hat längst nicht alle Karten ausgespielt. Dem Spiel des Lebens neue Karten hinzuzufügen mittels trainierten Willens und geübter Intelligenz, ist die Methode (nicht das Ziel!) der Sexualmagie des Linken Pfades.

Es ist mir eine freudige Pflicht, darauf hinzuweisen, daß die Bewußtwerdung des Menschen keine Errungenschaft des Computerzeitalters ist, sondern schon Zehntausende von Jahren zurück liegt. Und durch die Geschichte des bewußten Menschen zieht sich ein roter Faden: der Schwarzmond und das Sakrament des Menstruationsblutes. Natürlich wollen wir hier nicht das monatliche Blut gegen die Ovulationsphase ausspielen, beide sind komplementäre Manifestationen des Lebens. Doch es läßt sich nur schwer übersehen, daß die „dunkle“ Phase des weiblichen Zyklus in viel geringerem Maße beachtet und ihre kulturschaffende Bedeutung gar nicht realisiert wurde, ganz ähnlich den Phänomenen des von jeder Arterhaltung losgelösten sexuellen Genusses um seiner selbst willen, des unvermeidlichen Todes organischen Lebens und der individuellen Bewußtheit, die den Menschen vom Universum trennt und ihn, bei Nichtbeachtung dieser Tatsache, zu dessen Feind macht. Diesem Mangel und dieser Unbewußtheit entgegenzuwirken ist eines der Ziele der Schwarzen Magick und der Sexualmagie des Linken Pfades.

Das heilige Blut der Menstruation ist das Medium, durch welches der Wille des Menschen, eine immaterielle und nicht-organische Wesenheit, ins Dasein gelangt. Dann ist der Mensch Natur, die sich selbst überwindet und ...befreit. Sich befreit von den Fesseln und Grenzen, durch die sie selbst einst ins Dasein gelangt ist. Das Blut-Soma des Schwarzmonds ist jenes Elixier, durch welches wir den Alptraum der immer-Gestrigen inszenieren: Neues Leben und Freiheit, die allen Grenzen dieser Welt spotten. Father the moonchild, when the moon is NOT!

Ein Cocktail aus fünf Trancen

Wie der theoretische Hintergrund unterscheidet sich auch die sexualmagische Praxis des Linken Pfades in Vorbereitung, Aufbau und Ausführung grundlegend von der „orthodoxen“ Sexualmagie. Dieser Unterschied kann an den mehreren verschiedenen Trancen festgemacht werden, von denen jede eine eigene, von den anderen Trancen unterschiedene Funktion erfüllt. Anstelle einer oder zwei Trancen, die zum selben Zweck der magischen Aufladung des Willens herbeigeführt werden, verwenden wir eine Abfolge von Trancen, die bestimmte Abschnitte oder Stufen vor und während des Ritus markieren und somit jeweils neue Kontexte für den weiteren Verlauf erschaffen.

Die Praxis orientiert sich ganz an der vielfältigen Orgasmusfähigkeit der Frau. Denn die Frau kann während der sexuellen Vereinigung (und auch ohne diese) nicht nur mehrere, sondern auch verschiedenartige Orgasmen erleben, die in ihren Eigenheiten beachtet werden müssen, um das volle schöpferische Potential zu magischen Zwecken einsetzen zu können. Die qualitativen Unterschiede dieser Orgasmen der Frau wurden bisher viel zu wenig berücksichtigt. Zum einen, weil der Mann in der Regel zu wenig Aufmerksamkeit und mangelndes Einfühlungsvermögen aufbringt und zum anderen, weil nur wenige Frauen diese multiple Orgasmusfähigkeit selbst erfahren haben und sich kaum von magischen Gesichtspunkten aus mit diesen Möglichkeiten ihrer weiblichen Kraft beschäftigen. Außerdem ist das Erleben multipler Orgasmen oft eine Folge des Zufalls und der willenlosen Hingabe an das Geschehen selbst und nicht auf eine willentliche, zielorientierte sexuelle Praxis zurückzuführen.

Es ist Teil des sexualmagischen Trainings der Frau, genau diese Fähigkeit zu erlangen. Sie muß in der Lage sein, bewußt drei verschiedene Orgasmen zu erleben und sie willentlich herbeizuführen. Der Mann muß mit diesen Prozessen vertraut sein und der Frau alle Unterstützung entgegenbringen, die sie von ihm begehrt. Es ist ein wichtiger Bestandteil der Sexualmagie, daß die Partner ohne Zögern und Einwand die Bedürfnisse des anderen anerkennen und sich bemühen, gegenseitig ein Optimum an Lust zu schenken. Und sollte es der Frau nicht gelingen, die verschiedenen Orgasmen zu erleben, so ist natürlich ein die Situation lockerndes Lachen wesentlich angebrachter als eine vermeintlich konstruktive Kritik oder gar offene Enttäuschungsbekundung seitens des Mannes. Das gleiche gilt natürlich für den Fall, daß der Mann „ausgerechnet heute“ ein Tief in seiner Potenzkurve aufweist.

Die drei verschiedenartigen Orgasmen der Frau können folgendermaßen beschrieben werden:

1) der klitorale Orgasmus hebt die Lust der Frau auf ein höheres Energie- und Genußniveau. Da sie, anders als der Mann, durch den Orgasmus keine Kraft verliert, sondern sich eher noch neue Kräfte durch ihn erschließt, macht sie sich diese Möglichkeit zunutze und verwendet ihre gesteigerte Lust als Sprungbrett zu weiteren und tieferen Orgasmen. Es ist sinnvoll, wenngleich nicht unbedingt notwendig, daß der Mann den klitoralen Orgasmus bei seiner Partnerin durch orale oder manuelle Stimulation herbeiführt. Das gesamte Ritual lebt vom gegenseitigen Geben und Nehmen und der damit verbundenen liebevollen Aufmerksamkeit. Wenn die Frau lieber durch eigene manuelle Stimulation zum Orgasmus gelangen will, so sollte der Mann natürlich nicht unbeteiligt und beleidigt danebensitzen, sondern ganz genau das tun, von dem er weiß, daß es seine Partnerin erregt und erfreut. Da kann ein schlichter Augenkontakt schon genügen, um den Kelch zum Schäumen zu bringen.

2) der vaginale Orgasmus fällt im Idealfall mit der männlichen Ejakulation zusammen oder beginnt kurz davor. Seine Funktion besteht darin, den weiblichen Schoß bereitwillig zu öffnen zum Empfang des kostbaren Opfers des männlichen Samens. Die orgasmische Welle überschwemmt jeden Gedanken oder inneren Zensor und trägt den Willen-Samen ins Innerste des Palastes, wo das Werk der Verschmelzung und Schöpfung von der Frau vollbracht wird.

3) der uterine Orgasmus ist die nach außen drängende Entladung der im Schoß der Frau erwachten Schöpfung. Dieser Orgasmus ist eine Imitation des Geburtsprozesses und die Vaginalmuskulatur kontrahiert deutlich nach außen, als würde sie etwas von innen nach außen drücken. Die Wucht dieses Orgasmus offenbart die grausig-großschreckliche Macht der Frau. Da dieser Orgasmus die gemeinsame Frucht blutend und schreiend ins Dasein bringt, kann der Mann nur wenig tun, um seine Partnerin dabei zu unterstützen. Und genau dieses Nichtstun muß er beherrscht und souverän vollbringen, um seiner Partnerin die Sicherheit zu vermitteln, derer sie bedarf, um sich so tief in ihre Lust und Pein fallen zu lassen.

Diese drei orgasmischen Trancen der Frau werden von zwei Trancen des Mannes begleitet. Eine dieser beiden Trancen wird **vor** dem eigentlichen Ritus herbeigeführt, was den traditionellen Vorstellungen von Ritualmagie natürlich zuwiderläuft. Es handelt sich keineswegs lediglich um eine Energetisierungsübung, sondern um ein willentliches Herbeiführen einer bewußtseinsbefreienden Trance: im Raja-Yoga *Samadhi* genannt. Die erste Trance dient dazu, den Willen in Form einer Sigill oder einer anderen Variante in den Samen zu projizieren und das Bewußtsein vollständig damit zu identifizieren. Diese Identifikation wird durch eine Reihe von Meditationstechniken erlangt und später dann während der sexuellen Vereinigung durch die zweite Trance des genitalen Orgasmus wieder aufgelöst. Im Idealfall geschieht dieser Prozeß so genau und vollständig, daß der Mann sich erst nach seiner Ejakulation wieder daran erinnert, wer er ist und was er getan hat. Dieses Aufwachen aus einer tiefen Trance durch den Schock einer so intimen und existentiellen Erfahrung, die eine Ejakulation immer ist, kann eine leidenschaftlich direkte Offenbarung des Wesens der Schwarzen Magick mit sich bringen, ähnlich der imitierten Geburt durch den uterinen Orgasmus bei der Frau. Jeder Mensch, der diese Erfahrung gemacht hat, wird seine Sexualtät dadurch noch mehr befreien und erweitern und definitv einige tiefsitzende Ängste losgeworden sein.

Die zweite Trance des genitalen Orgasmus kann natürlich auch durch einen Ganzkörper-Orgasmus eingeleitet werden, zu welchem jeder Mann im Grunde in der Lage ist. Wenn ein solch geiler Genuß auftritt, ist das ein wunderbarer Zusatz, ändert aber nichts daran, daß der genitale Orgasmus das Hauptziel des Mannes bleibt, nämlich die vollständige Hingabe seines Willen-Samens an die Frau. Diese Hingabe ist aber kein willentlich herbeigeführter Akt, sondern resultiert aus dem ungehemmten Ausleben der Lust des Mannes. Die sexuell herbeigeführte Trance des Mannes sowie die ersten beiden Orgasmen der Frau geschehen ohne jede willentliche Lenkung und bewußte Kontrolle! Je vollständiger und ungehemmter ohne jede Rücksicht auf den magischen Rahmen die eigene Lust ausgelebt wird, desto kraftvoller und lebendiger wird die gesamte Magie. Wenn man dies verstanden hat, dann wird die Praxis ein Leichtes und ein Fest sternengleicher Individuen.

Statt die Sexualität in die Magie zu tragen und dort einzusetzen, ist diese Sexualmagie so konzipiert, daß die menschliche Sexualität und der individuelle Lustgenuß in einen magisch-praktischen Rahmen eingebettet werden. Der Verzicht auf das volle Auskosten der eigenen Lust wird als magische Technik getarntes moralisches Diktat und der Würde des Menschen unangemessen betrachtet. *Wer immer geil ist, ist der König unter den Königen.*

Dies ist die Art, wie die fünf Trancen eingesetzt und zu einem effektiven und erfrischend anderem sexualmagischen Cocktail zubereitet werden.

Xeper

Das Amen des Samen

Auf den ersten Blick mögen Theorie und Praxis der Sexualmagie des Linken Pfades kompliziert und ideenüberlastet erscheinen. Doch dieser Eindruck bleibt nur so lange bestehen, wie man sich an althergebrachtes magisches Gedankengut klammert. Die Sexualität des Menschen ist fantastisch und magisch genug und bedarf keiner weiteren Umstellung oder Anpassung an Magie-Modelle, um greifbare Resultate zu erzeugen. Hat man dies einmal realisiert, erscheinen Theorie und Praxis ganz natürlich und einfach.

Dies gilt auch für die Weihung des männlichen Samens mit dem von beiden Partnern formulierten Willen, dessen Verwirklichung und Manifestation das Ziel des Rituals ist. Während die Frau erstmals in der letzten Phase des Rituals diesen Willen imaginiert, tut dies der Mann schon ganz zu Beginn seiner vorbereitenden Übungen. Es ist der allererste Schritt, den er unternimmt, damit der freie Verlauf der sexuellen Lust nicht mehr unterbrochen werden muß durch eine Willensprojektion auf dem Höhepunkt somatischer Ekstase. Die übliche Technik besteht ja gerade darin, auf dem Gipfel der Lust den Willen konzentriert im Geist zu fixieren, und der Verdacht drängt sich auf, als werde auf diese Weise subtil suggeriert, daß jede Magie nur dann „gut" und wirksam sei, wenn auf das Auskosten der eigenen Lust zugunsten magischer Beeinflussung verzichtet wird. Über die Hintertür-Moral vieler magischer Systeme nachzudenken ist eine ausgezeichnete Methode, den eigenen Größenwahn in Schranken zu halten und neue, humanere und lustvollere Methoden der Einflußnahme zu entwickeln.

Nachdem der Mann eine eigene klare Formulierung des Ziels des sexualmagischen Ritus (z.B. in Form eines Bild-, Klang- oder Wort-Sigills) entwickelt hat, projiziert er diese in seine Hoden und seinen Schwanz, vor allem in dessen Wurzel. Er kann dies auf die denkbar einfachste Weise tun: durch ruhiges Sitzen, ruhiges Atmen und ruhige Projektion seines Denkens. An dieser Stelle sollte angemerkt werden, daß alle in diesem Buch vorgeschlagenen Methoden lediglich Empfehlungen sind, die sich dazu eignen, eine klare Idee von der formalen Praxis dieser Sexualmagie zu vermitteln, und keineswegs die Hauptschlüssel zur Sexualmagie des Linken Pfades darstellen. Sexualmagie des Linken Pfades bedeutet nichts anderes als eine unabhängig von anderen magischen Traditionen und Modellen individuell entworfene und erprobte Technik, die beweisen will, daß jeder Mensch in der Lage ist, eine funktionierende und den eigenen ästhetischen Idealen entsprechende Magie zu entwerfen mittels jener Fähigkeiten, die man uns allerorts auszutreiben versucht: Intelligenz und Willen. Wenn Pete Carroll schreibt: „Weise die Obszönitäten der verordneten Uniformität, der Ordnung und des Zwecks zurück." (Liber Kaos), so sollten wir seinen Ratschlag beherzigen und dies auch und vor allem auf unsere magische Praxis anwenden. Doch zurück zu unserem eigentlichen Anliegen.

Statt ruhigem Sitzen, ruhigem Atmen und ruhiger Projektion des Denkens könnte man auch ganz einfach *Dharana-Konzentration* sagen. Wenn wir aber hier von Dharana sprechen, so ist damit auch Dharana gemeint, welches ein ebenso präziser Begriff ist wie *Syntax* oder *Entropie*. Diese Fertigkeit der Konzentration ist in vielen Schriften mehr oder weniger gut erklärt und definiert worden, am besten jedoch von Aleister Crowley in *Buch Vier, Teil 1* und in den *Acht Vorlesungen über Yoga*. Es sind etwa zehn bis fünfzehn Sekunden ungebrochener Konzentration auf ein Gedankenobjekt (in diesem Falle das Sigill) erforderlich, um Dharana-Konzentration zu erreichen. Es kann zwei Minuten oder eine Stunde dauern, bis die Konzentration soweit gediehen ist, und es ist völlig sinnlos, die nächsten Schritte zu tun, bis dies nicht gemeistert worden ist. Ist Dharana jedoch einmal erreicht worden, so muß es gar nicht länger aufrecht erhalten werden, was sich sogar eher störend auswirken könnte. Ist der Wille einmal erfolgreich projiziert worden, so kann der Mann direkt zur nächsten Stufe übergehen oder sich zunächst eine Phase der Ruhe gönnen, deren Dauer ihm angemessen erscheint.

Auf der zweiten Stufe seiner Vorbereitungen übt der Mann den rückwärtigen Kreislauf des Lichts. Hier stehen wir vor einem Problem, das durchaus hätte vermieden werden können. Denn in der modernen magischen und esoterischen Literatur wird diese Technik oft als als *Kleiner Energiekreislauf* bezeichnet und auf eine Weise erläutert, die völlig am eigentlichen Thema vorbeigeht. Der kleine Energiekreislauf ist zwar eine sehr gute Übung zur Energetisierung des Organismus und des feinstofflichen Körpers, hat jedoch so gut wie nichts mit jener taoistischen Meditationsübung gemein, die im *Tai I Gin Hua Dsing Dschi* erklärt wird. *Das Geheimnis der Goldenen Blüte* ist eines der großartigsten Bücher der Magie und der Weltliteratur. Es ist jedoch zu recht zweifelhaftem Ruhm gelangt dadurch, daß es von „zwei Gelehrten von Rang aufgehellt" wurde, wie in der Ausgabe von Diederichs Gelber Reihe zu lesen ist. Was Richard Wilhelm und C.G. Jung an Deutungen zum Text dieses Buches beigetragen haben, wirft ein erhellendes Licht auf das Niveau und den Charakter westlicher Vorstellungen von Wissenschaftlichkeit. Es ist, milde gesagt, schlicht erbärmlich und von ungeheurer eurozentrischer Arroganz, Yin weiblich und Yang männlich zu benennen. Wer das tut, hat nichts von den chinesischen Systemen verstanden. Die Kommentare von Wilhelm und Jung sind nichtssagende Phrasen, die in den Text des Buches geworfen und vorbehaltlos und ungeprüft von der europäischen Esoterik des zwanzigsten Jahrhunderts übernommen wurden. Und genauso schlampig und verfälschend wurde auch mit den Methoden verfahren, die in diesem Buch geschildert werden. Aus der langwierigen und sorgfältigen Praxis des rückläufigen Kreislaufs des Lichts wurde ein Fünf-Minuten-Training, indem man imaginierte Energie eine imaginierte Bahn umkreisen läßt und sich danach wohler fühlt als zuvor! Wir müssen diese Ungenauigkeiten und Verallgemeinerungen entschieden ablehnen, um wieder zu lernen, daß Magick wesentlich mehr ist als ein Jonglieren mit verschiedenen Arten angeblicher Energien. Wenn wir nun die Technik des rückläufigen Kreislaufs des Lichts beschreiben, muß sich der Leser darüber im klaren bleiben, daß jeder Versuch, durch Denken, bewußtes Atmen oder Visualisieren die Energie schneller ans Ziel zu lenken nichts als ein Beweis eigener, abgrundtiefer Dummheit ist.

Der Kreislauf des Lichts ist eine Wahrnehmungsübung, ein Training des Bewußt-Seins, und jedes Erlebnis einer Freisetzung von zusätzlicher Energie sollte als das betrachtet werden, was es ist: eine Ablenkung von der eigentlichen Praxis. „Aber obwohl der Mensch in der Kraft lebt, so sieht er die Kraft nicht, ebenso wie die Fische im Wasser leben, aber das Wasser nicht sehen." (Das Geheimnis der Goldenen Blüte, S. 81)

Der Mann sitzt ruhig, fest und in aufrechter Haltung auf dem Boden und atmet gleichmäßig ein und aus, ohne daß sein Atem hörbare Geräusche erzeugt. Die Lider sind geschlossen, doch die Augen setzen die Richtschnur fest, in der das Licht von der Basis der Wirbelsäule über das Rückgrat bis zum Kopf und anschließend über das Gesicht und den Rumpf hinab ins vordere Becken kreist. Die Augen sind das Medium des wahrnehmenden Bewußtseins, welches seine ganze Aufmerksamkeit aus das richtet, was ist: das Heben und Senken des Atems. Diese fixierte Kontemplation wird fortgeführt, bis das Bewußtsein sich seiner selbst gewahr wird ohne die Vermittlung des Objekts seiner Aufmerksamkeit. Dieser Geisteszustand erfrischender Wachheit wird im Raja-Yoga *Dhyana* genannt und bezeichnet die eigentliche Phase der Meditation. Auch er ist präzise beschrieben und umrissen worden in den oben genannten Werken. Jetzt kommt es darauf an, zu welcher Stärke der Konzentration der Mann in der Lage ist. Wenn möglich, sollte er die nächste Stufe der Meditation erklimmen, das Samadhi, die vollständige Auslöschung jedweder Identität des Bewußtseins mit sich selbst. Dieser Zustand wird nach ziemlich genau einer halben Stunde ungebrochener Konzentration erreicht und löst entweder einen Schock oder mystische Entzücktheit aus. In beiden Fällen beginnt der Mann unmittelbar nach dem Erreichen des Samadhi behutsam seinen Bauch zu beatmen. Ist er im Zustand des Dhyana verblieben, so tu er dies nach etwa einer halben Stunde genauso. Er beginnt, sein von aller (oder fast aller) Identität losgelöstes Bewußtsein in den Bauch zu atmen, durch langsames und bewußtes Atmen, bei der die Aufmerksamkeit auf die gesamte Bauchhöhle gerichtet ist. Das tiefe, ruhige und entspannte Bauchatmen wird so lange fortgeführt, bis der Mann seine „alte" Identität zumindest zum Teil wiedererlangt hat und er in seinem Unterleib dieses neue, frische Leben spürt, das er kraft seines Willens erschaffen und eingefangen hat und das er nachher im Ritual seiner Frau geben wird, um eine gemeinsame Frucht hervorzubringen.

Die „alte" Identität wird im Falle des Erreichens des Samadhi nur schwerlich wieder in so kurzer Zeit hergestellt werden können. Das ist auch gar nicht nötig, denn diese Identität ist nur scheinbar und wird im Feuer des Orgasmus vollends beseitigt werden. Hier wird vielmehr jene Fähigkeit angesprochen, so etwas wie „Nachbarschaftskonzentration" herbeizuführen, die den Mann befähigt, die notwendige Kontrolle aufzubringen, um das Ritual noch durchzuführen und nicht in seliger mystischer Verzückung das gesamte Vorhaben abzublasen, weil es eine Unterbrechung seiner Erleuchtung bedeuten würde. Die Kraft seines Willens muß ihn leiten, und je stärker dieser Wille ist, desto weniger werden ihn selige Freuden allzu lange behelligen.

Ist die dritte Stufe beendet, so muß sich der Mann in Selbstbeherrschung üben, welche seine Kräfte stark beanspruchen wird. Je gründlicher diese dritte Stufe geleistet wurde, desto wahrscheinlicher ist es, daß er tiefe Trauer oder starke Wut empfinden wird oder den starken Drang nach befreiender Masturbation. Daher ist es angebracht, die Vorbereitungen nicht übermäßig früh zu beenden. Zwischen dem Abschluß der Vorbereitungen und dem Beginn des Rituals sollten höchstens zwei Stunden vergehen. Es ist wichtig, daß der Mann das Ritual in einer gefaßten und selbstsicheren Haltung angehen kann und nicht von Unsicherheit oder Zweifeln beherrscht wird. Die Praxis selbst wird zeigen, welche Bedingungen am geeignetsten sind.

Eine Anmerkung ist angebracht: dies ist ein Buch über Magie für Magier und Hexen. Die Beherrschung der einzelnen Schritte Dharana, Dhyana und Samadhi wird deshalb vorausgesetzt. Manche Bedingungen erschweren oder verunmöglichen ein willentlich herbeigeführtes Samadhi, dann mag ein verlängertes Verweilen in Dhyana genügen. Die Beschreibung der Technik des rückläufigen Kreislaufs des Lichts könnte für einige Leser unzureichend sein, aber selbst mehrere Seiten könnten keine adäquate Übersetzung in allgemeinverständliche Sprache liefern, die alle Details der richtigen Ausführung erklärt. In einer zwar metaphorischen, aber nichtsdestotrotz exakten und sorgfältigen Weise ist die Technik im schon erwähnten Buch *Das Geheimnis der Goldenen Blüte* beschrieben. Die gängige Methode, den alten Schriften unklare Ausdrucksweise vorzuwerfen und sie dann in zeitgemäße Begriffe zu übersetzen, mißachtet fast immer die den Texten innewohnenden Regeln der Codierung. Und dabei geht mehr verloren als nur nebensächliche Details, für die der Europäer kaum noch Geduld und Ausdauer aufzubringen bereit ist. Die Arroganz dieser Vorgehensweise ist kontraproduktiv und nicht etwa Ausdruck einer stets das Wesentliche erfassenden, beschleunigten Entwicklung, wie uns gerne verkauft wird. Diese Nebenbemerkungen sind wichtig, um den Kontext der Magie des Linken Pfades richtig und vollständig zu erfassen und sich nicht voreilig und überhastet in ihre Praxis zu stürzen.

Um der anstrengenden Pedanterie ein Ende zu bereiten, fassen wir noch einmal die drei Stufen zusammen, die die vorbereitenden Übungen des Mannes ausmachen:

- Projektion des Willens in die Geschlechtsorgane durch Dharana-Konzentration.
- Die fixierte Kontemplation auf den rückläufigen Kreislauf des Lichts. Wünschenswert, aber nicht unbedingt notwendig: Erlangen des Samadhi.
- Das frische und erneuerte Bewußtsein in den Bauch atmen und dort einhalten, bis zur orgasmischen Entladung während der sexuellen Vereinigung.

In der Sexualmagie des Linken Pfades ist der Samen das „So-sei-es" des Mannes. Dementsprechend gründlich sind die Vorbereitungen, deren ganzer Sinn und Zweck im Augenblick des Orgasmus sich offenbaren wird. Ich wünsche, Du könntest mein Lächeln sehen.

Xeper

Das Dunkle Soma

Die in diesem Buch vorgestellte Form der Sexualmagie ist eine passende Gelegenheit, das Wesen des Unterschieds zwischen der Magie des Linken Pfades und jener des Rechten Pfades zu verdeutlichen. Bei der Erklärung dieses Unterschieds wird klar werden, daß sich diese Begriffe nicht zwangsläufig auf grundverschiedene und unversöhnliche Lehren beziehen, sondern vor allem die magische Praxis in zwei verschiedene Kategorien klassifizieren, um etwas mehr Klarheit und Übersichtlichkeit zu schaffen.

Salopp formuliert versucht eine Form der Magie, dadurch zu funktionieren, daß sie etwas im Menschen umwandelt, und eine andere Form der Magie sagt dazu: scheiß drauf! Ganz so einfach werden wir es uns aber nicht machen und doch einmal etwas genauer hinschauen.

Die Begriffe des linken und des rechten Pfades, die vornehmlich von den Vertretern der Satanistischen und der Schwarzen Magie verwendet werden, sind natürlich den verschiedenen Wegen der Lehren des Tantrismus entlehnt, die sich durch verschiedene Praktiken und Methoden auszeichnen, um zu dem gleichen Ziel der mystischen Einheit mit ihren Vorstellungen des Göttlichen zu gelangen. Wenn beim Tantra vom Pfad der rechten Hand die Rede ist, dann ist damit (so wird z.B. von Francis King, Arthur Avalon, Julius Evola u.a. erklärt) jene Methode der spirituellen Entwicklung gemeint, welche vom tantrischen Yogi alleine und ohne sexuellen Kontakt mit dem anderen Geschlecht vollzogen wird, während der Pfad der linken Hand (auch der feuchte Weg genannt) die sexuelle Vereinigung als Transformations-Möglichkeit nutzt, wobei sich die Bezeichnung „links" auf den Platz der Frau im mystischen Tantra-Zirkel zur „Linken" des Mannes bezieht. Diese beiden Wege oder Pfade sind jedoch formal fast identisch; der einzige Unterschied besteht darin, daß die Umwandlung des Bewußtseins einmal auf *endogene* und einmal auf *exogene* Weise herbeigeführt wird. In beiden Wegen ist das Ziel der Umwandlung die mystische Einheit von Shiva-Shakti, die Erlangung *reinen Bewußtseins* und die *Befreiung vom Rad des Lebens* (samsara).

Andere wiederum behaupten, daß der linke Weg überhaupt keine mystische Praxis beinhalte, sondern lediglich eine Bezeichnung für Ausschweifungen und selbstsüchtige Begierden unter religiösem Deckmantel sei, während der rechte Pfad sich der Disziplin und selbstlosen Hingabe widme, um das wahre Ziel zu erreichen. Die Konfusion der Begriffe wird noch dadurch verschlimmert, daß manche Bücher wie *Der König der Welt* oder das *Amookos Manual* Shambhala und Agarthi, die geheimnisumwitterten Machtzentralen im Inneren der Erde aus der tibetischen Sagenwelt, erwähnen und diese links und rechts zuordnen, oder auch umgekehrt.

Um zumindest ein wenig Klarheit zu schaffen, muß erst einmal festgestellt werden, daß praktisch alles, was wir vom Tantrismus wissen, aus den Systemen des hinduistischen Tantra stammt und das tibetisch-buddhistische Tantra für sich in Abspruch nehmen kann, eine geheime Schule geblieben zu sein. Was diverse Trungpas und Tulkhus über das tibetisch-buddhistische Tantra publiziert haben, verrät über diese Lehren etwa so viel, wie das *kleine bannende Pentagrammritual* die westliche Magie erkärt. Bleiben wir also bei dem, was wir (vermeintlich) über den Tantrismus wissen. Sehr, sehr kurz gefaßt, läßt sich das auf folgende Weise darstellen:

Das Weltall entstammt Mahakundali-Shakti, die um Shiva-Bindu gerollt und eins mit ihm ist. Will Shakti sich offenbaren, rollt sie sich auf und löst sich von Shiva, der sich nicht bewegt. Dabei erschafft sie zuerst das geistige Bewußtsein, dann die immer dichter werdende Materie, bis sie sich schließlich in ihrer letzten manifestierten Form, Prithivi-Tattva, zur Ruhe begibt und sich wieder zusammenrollt als die berühmte Kundalini. Diese Kundalini-Shakti ist die Fülle der Shakti, die übrig bleibt, nachdem sie Prithivi (die feststoffliche Welt) erschaffen hat. Sie wird nun zweigeteilt: zu einer statischen Shakti, die im Muladhara-Chakra ruht bzw. schläft, und zu einer dynamischen (Chindrupini-) Shakti im Sahasrara-Chakta, um welches Zentrum das Gesamt der körperlichen Kräfte kreist. Die Idee ist nun, die schlafende, statische Kundalini-Shakti zu „erwecken", dynamisch zu machen und sie den rückwärtigen Weg aufsteigen zu lassen, bis sie sich mit Shiva im Sahasrara-Chakra wiedervereint und das Ziel aller Religion verwirklichkeit. Dann erreicht der Tantra-Yogi Samadhi und ist glücklich. Doch wie geschieht das?

Der Überbegriff des angewandten Verfahrens ist *viparita karani*, das Verfahren der Umkehrung. Was in westlichen Seminaren üblicherweise an „Tantra" gelehrt wird, beschränkt sich fast ausschließlich auf die Umkehrung der Sinne, das Entdekken und Zulassen verdrängter Wahrnehmungen sinnlicher, emotionaler und mentaler Art. Doch dies ist nur eine äußere Vorschule des eigentlichen Verfahrens der Umkehrung, das der tantrische Yogi vollbringen muß. Da Konzept des Prana kann diese Arbeit sehr gut verdeutlichen. Prana wird als die Gesamtsumme aller im Weltall offenbarten Energie oder Lebenskraft (sukshma) aufgefaßt. Ohne auf die verschiedenen Formen und Namen des Prana näher einzugehen, kann man festhalten, daß das Prana sowohl in einer aufwärts wie auch in einer abwärts gerichteten Bewegung fließt. Ziel des Tantra-Yogi ist es, die Abwärtsbewegung, apana-vayu genannt, aufzuhalten und umzukehren in eine Aufwärtsbewegung, die prana-vayu genannt wird. Nun lehrt die hyperphysische Physiologie des Yoga, daß apana-vayu über die sekretorisch-ausscheidenden Funktionen waltet, darunter auch über die Ejakulation des Samens sowie über die Ausscheidungsvorgänge der Frau während der Menstruation. Ja, dem hinduistischen Yoga gilt die menstruierende Frau geradezu als die Verkörperung der abwärts gerichteten Lebensenergie. Doch während die „blutende" Frau in Indien genauso wie in allen anderen Erdteilen mit einer Unmenge von Tabus belegt wird, wird sie von manchen tantrischen Sekten, z.B. den Kaula-Tantrikern, in Form der Blut-Göttin Kali verehrt. Das Blut-Soma, der Saft der individuellen Unsterblichkeit wird von den Tantrikern *Same* genannt, von den taoistischen Alchimisten als der *rote Yin-Saft* beschrieben. Wenn wir von der Magie des linken Pfades sprechen, beziehen wir uns genau auf diese Kulte, die jenen Aspekt des Mensch-Seins kutlivieren, der mit der Trennung von der Einheit des Alls und der Bewußtwerdung des eigenen Ich verwandt ist.

Das ist weit davon entfernt, die absteigende Lebensbewegung über alles zu setzen und das Aufsteigen zu diskreditieren, vielmehr geht es um das willkommene Akzeptieren einer Tatsache dieses Universums, die nicht als illusionär oder falsch in irgendeinem anderen Sinne erachtet und rückgängig zu machen versucht wird. Ein Aufnehmen und Ausleben dessen, was wir als Menschen *auch* sind, und die Weigerung, auf diese Aspekte unseres Lebens zugunsten der Verwirklichung religiöser Ideale zu verzichten. Denn wo ist der Gott oder das universale Gesetz, das unsere eigene Allmacht verleugnen sollte, außer in unseren Gehirnen?

Der Magier des Linken Pfades versucht, die Welt zu sehen, wie sie ist, und das Beste aus ihr zu machen. Wenn die magische Arbeit mit „absteigenden Lebensenergien" zu auffallend guten Ergebnissen führt, wird nur ein Narr auf diese Möglichkeiten verzichten wollen.

Der Mensch ist in einem Maße ungebunden und frei, daß es schmerzen kann, diese Freiheit zur Kenntnis zu nehmen. Doch die Praxis der Sexualmagie des Linken Pfades kann diesen Schmerz in Freude und Kraft verwandeln und selbst sehr tiefe und feste Schranken, die uns vor unserer eigenen, vergessenen Größe trennen, niederreißen.

Und dann ... fängt der Spaß höllischen Zaubers erst an. Hail and Honour to Hell!

Xeper

Anmerkungen zum sexualmagischen Training

Wie alle Disziplinen der Magie erfordert auch die Sexualmagie Übung und die Routine der Praxis. Es besteht jedoch keinerlei Anlaß, Übung und Training mit jenem bitteren Ernst anzugehen, von dem manche meinen, er würde die Magie erst ausmachen. Die Sexualmagie arbeitet mit der Lust und dem Genuß menschlicher Sexualität, und diese Lust kann gesteigert und zu einem alltäglichen Ereignis gemacht werden. Ein sexualmagisches Training sollte genau das fördern. Übung macht den Meister, und ein Meister der Lust ist einfach ein Mensch, der sich täglich und ohne jede Anstrengung seiner Lust hingeben kann. Alle hier vorgeschlagenen Übungen dienen dazu, diese Lust und Lebensfreude im promptu zu aktivieren und präsent zu machen. Jede Versteiftheit ist fehl am Platze ebenso wie die Erwartung, daß sexuelle Lust als besonders „Magisches" oder „Heiliges" nur bei der passenden Gelegenheit auftreten sollte. Eine einfache Richtschnur für die Praxis der Übungen ist, daß, wenn Du beim Üben keinen Spaß daran hast, Du auch in der sexualmagischen Praxis kaum davon profitieren wirst.

Bei der Auswahl und Zusammenstellung der Übungen solltest Du darauf achten, daß sie weder zu zeitraubend noch zu schwierig sind, um nicht jederzeit von Dir praktiziert werden zu können. Das *Handbuch der Sexualmagie* von Frater V.D., *Die Orgasmusschule* von Andro bieten eine Reihe weiterer unterstützender Übungen. Unabhängig davon sollte sich jeder Magier und jede Hexe um das Wohl seines Körpers sorgen, durch eine vernünftige Ernährung und vor allem durch regelmäßiges, am besten tägliches Körpertraining, bei dem es sich um bioenergetische Übungen, Meridiangymnastik, Tai Chi oder Hatha-Yoga handeln kann. Gerade die Kunst des Hatha-Yoga ist hervorragend dazu geeignet, ein die gesamte Physis umfassendes, ständiges Wohlbefinden zu garantieren. Es sollte jedoch nur unter Anweisung eines erfahrenen Lehrers erlernt werden, da fehlerhafte Haltungen vom Anfänger kaum wahrgenommen werden und sich sehr schädlich auswirken können.

Vielleicht noch eine kleine Anmerkung. Frater V.D. mokiert sich in dem oben genannten Buch zurecht über jene Menschen, die die Sexualität als letzten Zufluchtsort benutzen, um den Mängeln und der Unfreiheit ihres alltäglichen Lebens zu entrinnen. Und er folgert daraus, daß jene, die nicht bereit sind, den sexuellen Genuß des Orgasmus zu magischen Zwecken zu „opfern" eben zu jener Gruppe der Unfreien zu zählen sind. Die Betonung der Lust sowohl während der sexualmagischen Praxis wie auch während der aufgeführten Übungen entspricht jedoch vielmehr der Auffassung vor allem der Tantriker des Pfades der Linken Hand, wonach die Sexualität des Menschen nicht nur der Spiegel, sondern das Fundament seines gesamten Lebens ist. Oder um den Altmeister der Magie mit „K" zu zitieren: *Existenz ist reine Freude.*

Greater Black Magick

Dieses Kapitel gibt einen flüchtigen Einblick in die Welt der Greater Black Magick, der Wissenschaft und Kunst, die individuelle Willensfreiheit zur Unsterblichkeit zu führen. Es soll verdeutlicht werden, daß metasprachliche Erfahrungsebenen durchaus verbalisiert und logisch formuliert werden können, obwohl nicht ohne Schwierigkeiten. Außerdem verfolgen die Essays die Absicht, den Leser dazu zu bringen, auf neue Weise über die Methoden wie auch die Entwicklung der Magie nachzudenken, ohne dabei abermals in dogmatische Konzeptionen eingefangen zu werden. Der Begriff der Greater Black Magick (als Pendant zur Lesser Black Magick) wurde von Michael A. Aquino in seinem nicht publizierten Werk ***Black Magick in Theory and Practice****, einer Standardlektüre des Temple of Set, definiert. Die folgenden Artikel beziehen sich nicht auf die Darstellungen dieses Buches, das mir zum Zeitpunkt des Schreibens gar nicht zur Verfügung stand, decken sich aber letztendlich mit Aquinos Vorstellungen, weshalb ich den Begriff übernommen habe. Denn diese Form der Magick ist in der Tat groß und schwarz, oder mit tibetischem Akzent gesprochen: dies ist die Magick des Grausig-Groß-Schrecklichen, das geheime Tantra vom Schwarzen Unbeweglichen. Om hung phat oder einfach Xeper.*

Die Symbol-Falle und wie man den Spieß umdreht

Der Magier ist schon ein recht gewöhnliches Wesen, was seine Kommunikation betrifft. Wie alle Menschen bedient er sich bei seinen Mitteilungen an sichtbare oder unsichtbare, reale oder imaginierte Wesen oder Kräfte der Hilfe der Symbole. Und das nicht zu wenig. Ein Großteil der Faszination der Magie liegt gerade in der Vielfalt und Andersartigkeit ihrer Symbole, welche dem Außenstehenden immer mysteriös erscheinen und ihn sich fragen läßt: zu wem oder was redet der da eigentlich? Und diese Frage stellt sich der Magier manchmal auch selbst, gerade in Zeiten, da ihm seine Erkenntnistheorie durcheinandergeraten ist.

Natürlich weiß jeder alles über Symbole, ihre Funktionen und ihre Geschichte. Und natürlich ist es anmaßend und autoritär, das Thema noch einmal anzugehen mit der Erwartung, irgendwelche neuen praktischen Erkenntnisse zu entdecken, und nutzlos obendrein. Vielleicht. Wir werden es sehen.

Alle hier angerissenen Fragen und vorgeschlagenen Antworten sollten auf jeden Fall nur daran gemessen werden, ob sie neue Einblicke in die magische Praxis allgemein und in die Praxis der Greater Black Magick im besonderen gewähren. Zuerst werden ein paar grundsätzliche Fragen zum Symbolismus flüchtig behandelt, mit dem Ziel, dem Leser seine eigenen Vorstellungen über Wesen und Wirken von Symbolen bewußt zu machen, um anschließend die Möglichkeiten zu verdeutlichen, die eine andere Perspektive der Arbeit mit Symbolen abgewinnen kann. Da dieser Themenbereich bisher zumindest in deutscher Sprache noch nicht verbalisiert wurde, ist das Verstehen der GBM keine leichte Angelegenheit, und das trifft den Kern der Praxis ganz gut. Die Greater Black Magick ist weder einfach zu verstehen noch einfach zu vermitteln, und ebensowenig einfach ist sie zu praktizieren. Sollte jemand beim Lesen dieses Essays verzweifeln, so hat er eine treffende Vorstellung von der Agonie des Schreibens dieser Zeilen bekommen. „Nur jene, die grundlos ausharren in Verzweiflung, werden den mächtigen Teufel sehen..."

Es ist naheliegend, eine Erforschung des Symbolismus mit der Frage zu beginnen, was wir eigentlich unter Symbolismus verstehen. Nun wäre es ein Leichtes, das Fremdwörterlexikon aufzuschlagen und zu zitieren, wie dort Symbolismus definiert wird. Aber das wäre auch ein wenig feige, denn wenn wir ehrlich sind, haben wir schon vor dem Aufschlagen des Lexikons eine eigene Meinung darüber, was Symbolismus eigentlich ist, eine Meinung, die wir im Gegensatz zum Fremdwörterlexikon stets mit uns tragen und auch anderen Menschen hin und wieder mitteilen. Wie sieht diese Meinung aus?

Eine mir zugeflüsterte mögliche Antwort ist, daß Symbolismus eine Sprachform ist, mittels derer sich das Unbewußte dem Bewußtsein mitteilt. Eine analoge Mitteilungsform, bei der ein Bild, eine scheinbar sinnlose Klangfolge oder ein abstraktes Zeichen archetypische Inhalte oder ganze Ideenkomplexe zum Ausdruck bringen, die nur sehr schwer in digitalen Informationspaketen übermittelt werden können wie z.B. in einer Reihe von gesprochenen oder geschriebenen Sätzen.

Eine andere mögliche Antwort ist, daß es sich beim Symbolismus um eine Art Metasprache handelt, die auf mindestens zwei oder mehreren verschiedenen Ebenen verstanden bzw. interpretiert werden und somit verschiedene und sogar scheinbar widersprüchliche Bedeutungen vermitteln kann. Die Kombination mit anderen Symbolen wiederum vermag selbst eine ursprünglich klare und eindeutige Bedeutung mehrdeutig bis zur Unverständlichkeit machen, eine Tatsache, die sogar den Eingeweihten verwirren kann und worüber sich Ramsey Dukes in seinen Büchern gerne lustig macht, sich selbst dabei nicht auslassend.

Die Bedeutungsoffenheit und Unklarheit vieler Mitteilungen der Symbole wird von zahlreichen Pseudo-MagierInnen dazu benutzt, den Wechsel ihres Standpunktes sich selbst und anderen mehr oder minder geschickt als Folge einer neuen Einsicht oder Erweiterung ihres Wissens zu verkaufen. Wo verwendete Symbole nicht klar definiert werden, *bevor* man mit ihnen arbeitet, muß damit gerechnet werden, daß geistige Verwirrung als positives Zeichen einer gerade stattfindenden Initiation gilt. Dies ist der Grund, warum alle Essays in diesem Buch die präzise Ausdrucksweise in rationaler Sprache bevorzugen und jeden Symbolbegriff ausführlich in seiner kontextuellen Bedeutung erklären. So werden z.B. Worte wie *Xeper, Dunkelheit, Die Schwarze Flamme, die Gabe Sets* usw. eingehend erläutert und stets mit dieser Bedeutung verwendet. Wir betrachten die diversen Symbolsysteme (z.B. der Kabbala, des Tarot, der Wicca-Mythologie) als dem menschlichen Intellekt und seinem Wortschatz unterlegen. Wo auf diese Weise mit Symbolen und ihren Bedeutungen umgegangen wird, kann man feststellen, daß ein Wort wie *Xeper* nicht immer neue Fragen aufwirft (was durchaus auch der Fall sein kann), sondern Textinhalte komprimiert und verständlicher macht. Ähnlich sinntragend ist das Wort *Gnosis* durch die populäre Chaos-Magie geworden, welches sich zu einem Überbegriff für alle magischen Trancen und ihre Rolle in der magischen Praxis entwickelt hat. Pete Carroll sei Dank.

Die Praxis der Schwarzen Magick verlangt eine klare Definition der vom Magier verwendeten Symbole; göttliche Eingebungen über die wahre Bedeutung eines fremden, d.h. undefinierten Symbols sind seine Sache nicht. Aber selbst die eindeutigsten Symbole können ihre Bedeutung in dem Maße verändern, wie sich der Deuter im Laufe der Zeit verändert. Daher können und sollten auch ältere Bücher über Magie immer wieder gelesen werden, ebenso unsere eigenen Aufzeichnungen. Im nachhinein entdecken wir in ihnen oft völlig neue Zusammenhänge und Intentionen, weil wir ein einziges Symbol jetzt mit anderen Augen sehen. Man sollte aber deswegen nicht annehmen, daß jeder Autor sich im vollen Umfang bewußt darüber wäre, wie seine Verwendung eines Symbols gedeutet werden kann. Novalis hat sicherlich wenig daran gedacht, was künftige Literatur-Historiker in sein Wort von der „blauen Blume“ hineindeuten und daß ganze Generationen von Romantikern die „blaue Blume“ zum Sinnbild ihrer Lebens- bzw. Todessehnsucht machen werden.

Offensichtlich variiert die Bedeutung eines Symbols nicht nur von Mensch zu Mensch oder von Gruppe zu Gruppe, sondern auch zwischen Zeitintervallen von größerer und kleinerer Art. Und es ist die Veränderung seiner Bedeutung durch die Zeit, der wir unsere Aufmerksamkeit zuwenden werden. Denn es ist nicht die Frage nach Bedeutung oder Inhalt eines Symbols, die von definitiv praktischer Bedeutung ist, sondern die nach der Funktion, welche das Symbol während der Zeitreise unseres Lebens erfüllen soll. Liegt der persönliche Nutzen nun in der Wandelbarkeit oder in der raum- und zeitübergreifenden Konstanz des Symbols? Natürlich haben wir die Freiheit zu wählen, welche Funktionen Symbole uns erfüllen sollen. Doch die Freiheit der Wahl ist eine Sache, und die Tat des Wählens eine andere. Und dieser Hinweis ist keineswegs nur nebensächlich, er bringt uns den zentralen Themen der Schwarzen Magick näher.

Die meisten Symbole sprechen nur einen unserer Sinne an. Bilder die Augen, Mantras die Ohren, Weihrauchdüfte die Nase usw. Wenn verschiedene Symbole so kombiniert werden, daß sie auf einen Bedeutungsinhalt hinweisen und dabei mehrere Sinne gleichzeitig antörnen, ist meist schon von Magie die Rede. Ein schlichter Fall von Redundanz: du siehst „Mars", riechst „Mars", hörst „Mars", fühlst „Mars" und denkst „Mars", bis du „Mars" wirst. Guten Appetit! Der NLP-Therapeut wird „Mars" durch „Selbstbehauptung" ersetzen und auf seine Weise ähnliche Ergebnisse vorweisen können. Diese Art der Magie ist sogar den modernen Hypno-Synchron-Kassetten unterlegen und ein wahres Fossil im Zeitalter der Info-Kalypse.

Der eventuelle Einwand, daß aber ein definitiver Unterschied festgestellt werden könne zwischen Symbolen, die mentale und intellektuelle Reaktionen auslösen, und solchen Symbolen, die emotionale und physiologische Reaktionen hervorrufen, muß noch kurz, aber entschieden zurückgewiesen werden. Ein gutes Beispiel gegen diesen Einwand ist die klassische Musik, die heute von vielen Menschen als entspannende, beruhigend wirkende Musik geschätzt wird. Doch das gleiche Violin-Solo, das den durchschnittlichen Vivaldi-Konsumenten in selige Ruhe trägt, kann den Musikwissenschaftler in die euphorische Raserei einer intellektuellen Analyse der einzelnen Takte dieser genialen Komposition versetzen. Und während die glückliche Verliebte sich vom Duft einer Rose wieder milde stimmen und verzaubern läßt, macht sich beim gleichen Geschenk die mißtrauische Ehefrau Gedanken, wieso ihr Gatte ihr nach Jahren wieder Blumen schenkt, ob er eine junge Geliebte hat, ob es überhaupt richtig war, diesen Versager zu heiraten und was wohl aus Peter, dem netten Jungen, der ihr einmal Rosen geschenkt hatte in jenem Sommerurlaub auf Sylt, geworden ist! Das sollte an dieser Stelle genügen.

Um unsere Vorstellungen von Symbolismus noch deutlicher zu fassen, müssen wir auch noch die Frage anschneiden, welcher Quelle unsere Reaktionen auf wahrgenommene Symbole entstammen. Haben wir sie irgendwann gezielt oder zufällig erlernt und später in das „persönliche Unbewußte" eingelagert oder sind sie uns eingeboren und latent im „kollektiven Unbewußten" aufbewahrt? Diese Begriffe aus der Jung'schen Psychologie sind in Kapitälchen gehalten, weil sie ebenfalls Symbole sind, und zwar sehr unglückliche. Sie sind auf eine Weise definiert worden, die anfällig für willkürliche Auslegungen und beliebige Verwendung ist. C.G. Jung hat die in seiner kritischen Phase erlangte Klarheit der *Septem sermones ad mortuos* leider nie wieder erreicht. Doch die meisten Leser werden mit Jungs Konzept des Unbewußten zumindest rudimentär vertraut sein.

Wohlgemerkt, wir reden jetzt nicht von Symbolen, sondern von unserer Reaktion auf diese. Um bei dem Beispiel der Magie zu bleiben: Wann hat der Magier gelernt, bei der Wahrnehmung der „Mars"-Symbole auf eine ganz bestimmte Weise zu reagieren? Schon im Mutterleib, während der Lektüre magischer Lehrbücher oder ganz gezielt durch die magische Praxis des bewußten Ankerns? Dabei ist zu beachten, daß beispielsweise die Farbe Rot, die Farbe des „Mars", nicht als Symbol im Sinne einer codierten Information verstanden werden sollte, da die von roten Gegenständen und rotem Licht abgegebenen Lichtpartikel die Serotonin-Produktion der Zirbeldrüse anregen und eine erhöhte Aktivität auf hormonellem Wege auslösen. Diese Tatsache aus der Welt der energetischen Prozesse kann dem Magier natürlich die Symbol-Trächtigkeit der Farbe Rot als besonders „marsisch" im nachhinein erzeugen, dennoch bleiben Symbole geistige Phänomene, die als Informationen existieren und als solche wirksam sind.

Wenn wir einem Kind die Symbole der „Mars"-Reihe zeigen, wird es sie wahrscheinlich nachzuzeichnen versuchen oder seine Aufmerksamkeit einem vorbeiflatternden Schmetterling widmen. Kluges Wesen. Später wird es vermutlich aus seiner Umgebung oder aus speziellen Büchern die mit den Zeichen korrespondierenden Ideen ausfindig machen und diese mental zusammenbinden. Eine lebendige Erfahrung dessen, wofür die Zeichen und Ideen nur Ausdruck sind, bleibt aber so lange aus, bis das kluge Wesen diese Erfahrung willentlich herbeiführt. Dadurch zeichnet sich das kluge Wesen nämlich aus, daß es sich der Symbole nicht bedient, um spontan gemachte Erfahrungen nachträglich zu markieren und zu bezeichnen, sondern um die Symbole selbst zu etwas Lebendigem zu machen, angereichert mit präzise bestimmter Erfahrung und eigener Identität durch seinen eigenen fleischlichen Willen. Es fängt an, Magie zu praktizieren und sich von jeder Form der Fremdbestimmung zu befreien.

Doch wer legt die Bedeutungen fest, die mit der Substanz der Erfahrung belebt werden? Oder anders gefragt: wer definierte die Symbole des „Mars"? Und welchen Zweck hat er oder sie damit verfolgt? Die Trägheit der Neuronen tendiert dazu, diese Frage in der Praxis nicht zu stellen. Und damit diese Frage , wenn wir auf magische Weise mit Symbolen hantieren, nicht auftaucht und den Erfolg unserer Arbeit gefährdet, ist eine starke Gnosis nötig, die unsere Denkmaschine kurzfristig ausschaltet. Der Magier identifiziert sich mit „Mars" und mit den unter diesem Begriff zusammengefaßten Ideen in der Annahme, daß er damit einen gewissen Aspekt der Kräfte der Natur und seiner Psyche assimiliert bzw. eine genau definierte Wirklichkeit oder einen Realitätstunnel erschafft. Bei dieser Art der Magie erfüllen die Symbole eine Art Leiter-Funktion, über die man „hinaufsteigt" und schließlich über sie „hinausgelangt." Aber wohin führt diese „Leiter", und wer hat sie hingestellt?

Symbole können ganz offensichtlich dazu benutzt werden, Kollektive von Menschen an den Glauben an eine Idee zu binden. Das Kruzifix war und ist ein Meisterwerk religiöser Propaganda. Die Nationalfahne bewirkt eine stärkere und unangreifbarere Gruppenbindung als jede einzelne der Ideen, die von der Gruppe mitgetragen werden. Symbole als tranceinduzierende Informationspakete sind praktisch nicht zu übertreffen. Das gilt auch für die Symbolsyteme der Magier und für die Vielfalt der Pantheons heidnischer (nicht-christlicher) Glaubensformen, deren Wiederbelebung das Ziel so vieler Kulte und Sekten und eine bevorzugte Variante magischer Praxis ist. Das freiwillige Sich-Anbinden und Akzeptieren des So-Seins von überlieferten Symbolsystemen ist immer auch von einer Aufnahme entsprechender Glaubenssätze begleitet.

Nun ist es relativ leicht, neue Glaubenssysteme anzunehmen, aber wesentlich schwieriger ist es, sie wieder loszuwerden. Die Würfel-Technik des *Liber Null* ist eine ausgezeichnete Methode, diese Schwierigkeiten zu überwinden, sofern sie mit vollem Einsatz praktiziert wird. Nur darf man dabei nicht die Tatsache übersehen, daß der Würfel dadurch zum Symbol einer Freiheit wird, die dem individuellen Bewußtsein versagt bleibt. Natürlich ist die Würfel-Technik nur eine Methode, um zu einer geistigen Freiheit zu gelangen, welche dann auch ohne das Werfen eines Würfels in Anspruch genommen werden kann. Aber jeder Weg zur Freiheit hinterläßt Spuren, und diese Spuren bilden ebenso einen Teil unseres Bewußtseins wie die erlangte Freiheit. „Nemo werden" ist dann auch nur eine Metapher eingestandener Ohnmacht. Es lohnt sich, Luke Rhinehart's *Der Würfler* noch einmal zu lesen und auf das Ende des Buches zu achten.

Wir können also Symbole dazu verwenden, uns in bereits aktive Gruppen-Trancen einzuklinken oder selbst eine solche Trance in anderen durch Verwendeung vorhandener oder selbstentworfener Symbole auslösen und uns diese zu Nutze machen. Jeder Begründer eines magischen Ordens, einer okkulten Gedankenschule oder einer politischen Partei arbeitet mehr oder weniger bewußt mit dieser Methode. Der Magnetismus starker Persönlichkeiten ist ebenfalls nicht zuletzt auf die Anziehungskraft der von ihnen verwendeten Symbole (z.B. in Form und Ausdruck ihrer Körperführung, ihrer Kleidung, ihrer Sprache etc.) zurückzuführen. Ebenso kann man die Frage stellen, ob die Beliebtheit und Attraktivität bestimmter Gottformen wie Horus, Pan, Satan oder Isis nicht das gezielte Werk kluger Wesen ist, die sich mit den geeigneten Symbolen umgaben oder sogar in sie verwandelten, um über ihr kurzfristiges Dasein hinaus noch wahrgenommen zu werden und weiterzuleben in zwar codierter Form, dennoch existent und wirksam in den Bewußtseinen und Zellen vieler Menschen.

Sicher ist, daß Wesen wie Sokrates, Buddha und Lao-zi unaufhörlich in den von ihnen entwickelten und formulierten Ideen noch lebendig sind durch die Aufmerksamkeit, die ihnen immer wieder entgegengebracht wird, und dadurch, daß sie sehr früh das Denken und Handeln vieler Generationen entscheidend beeinflußten. Die Mythenbildung um einflußreiche Gestalten ist eine Schwäche des menschlichen Geistes, die benutzt werden kann, um unsterblich in die Menschheitserinnerung einzugehen. Wir leben in einer von Ideen geschmiedeten Welt, und die drei oben genannten Schmiede gehören sicherlich zu den Bedeutendsten ihrer Zunft und haben auf gewisse Weise Unsterblichkeit erlangt. Auf welche Weise? Und was hat das mit Symbolismus zu tun?

Die funktionale Identität von Geist und Inhalt ist ein alter Hut der Epistemologie, der den meisten Magiern vertraut sein dürfte. Doch diese Einsicht der Erkenntnistheoretiker wurde bisher nicht unter dem Gesichtspunkt betrachtet, welche praktischen Möglichkeiten sich daraus für ein werdendes Individuum ergeben. Lilly spricht von Meta-Programmieren, Leary vom neuro-elektrischen Schaltkreis und beide von den positiven Möglichkeiten der Selbstgestaltung, wenn sie feststellen, daß ein bewußtes Wesen identisch mit den Inhalten seines Geistes ist. Pete Carroll nennt es „Surfen auf den Wellen des Chaos", wenn er davon spricht, daß wir alles sein können, was wir zu sein wünschen.

Wußten Buddha und Lao-zi nichts von diesen Möglichkeiten, oder haben sie andere Konsequenzen aus diesem Wissen gezogen? Wer denkt nicht an „Tao", wenn Lao-zi erwähnt wird? An „Anatta" bei Buddha? An „Gnothis authon" bei Sokrates? An „Thelema" bei A. Crowley? All diese Symbolbegriffe haben nur eines gemein: sie sind trotz aller Definitionen dem rationalen Verstand nicht in ihrer Vollständigkeit begreiflich. Sie bedeuten eindeutig irgendwas, nur ist nie hundertprotzentig klar, was genau. Und wenn ein Magier sich nun auf die von diesen Individuen entworfene Symbolik einläßt, was geschieht dann mit ihm? – Nichts anderes, als daß er eine persönliche Erfahrung von der persönlichen Erfahrung eines anderen gewinnt. In der Sprache der Konstruktivisten: die Wahrnehmung seiner Erfahrung ist die Beschreibung einer Beschreibung einer Beschreibung... ad infinitum.

Das Nichtbeachten des Faktors Zeit bei der Wahrnehmung eines solchen Prozesses läßt den Magier auch den Raum verkennen, in dem sich das Geschehen abspielt. Auf diese Tatsache hat Alfred Korzybski wiederholt hingewiesen. Ebenso ist jedem die simple Wahrheit vertraut, daß eine Erfahrung niemals objektiv, sondern immer subjektiv ist. Wenn der Magier mittels tradierter Symbole eine Erfahrung generiert, dann interessiert ihn dabei nur das Eintreten des gewünschten Resultats. Er verwendet bestimmte Symbole, z.B. des „Mars", identifiert sich mit ihnen und erlangt dadurch jene Qualitäten, die per definitionem in den Symbolen angelegt oder deren Auslöser sie sind. So sieht er die Sache. Sie kann aber auch anders betrachtet werden.

Es sei noch einmal darauf hingewiesen, daß „Geist" und „Inhalte des Geistes" lediglich eine semantische Trennung ist ohne jede beobachtbare objektive Wirklichkeit, und dennoch haben wir beim Beispiel des „Mars" invozierenden Magiers einen Fall von Geist, welcher sich mit dem Wesen eines Planeten oder eines hellenistischen Gottes identifiziert. Drehen wir den Spieß um: da ist ein Symbol, das sich mit dem Geist des Magiers identifiziert und dadurch an seinen Qualitäten teilnimmt: seinem Herzschlag, seinem Atem, seiner Lebenskraft.

R.A. Wilson beschreibt in *Der Neue Prometheus* die funktionale Identität von Geist und Inhalt auf die ihm eigene anschauliche Weise: *„Wenn ich in tiefer Meditation über mich selber nachdenke, dann bin ich ich; denke ich über dich und mich nach, bin ich ich und du; denke ich an dich allein, dann bin ich gar nicht mehr da, und denke ich an Gott, dann bin ich Gott."* Da das so ist, liegt die Frage, zumindest für den Schwarzen Magier, ganz offen auf der Hand: wie bringe ich dich dazu, an mich zu denken? Gregory Bateson meinte einmal: „Die Zerlegung des Universums in Teile und Ganze ist angemessen und kann notwendig sein, keine Notwendigkeit bestimmt aber, wie das geschehen sollte."

Eben. Dieser Unbestimmtheit haben die Großen unter den Menschen eine Bestimmtheit verliehen und deren Regeln festgelegt. Unabhängig von dem besonderen Medium, das sie einsetzten, leben sie alle in den von ihnen verbreiteten originären Ideen weiter. Sie sind über Jahrhunderte hinweg trotz ihres physischen Todes lebendiges Bewußtsein geblieben und weiter gewachsen, ein Bewußtsein, das die Hindernisse und die Langsamkeit materiell-energetischer Informationsvermittlung überwunden hat. Sie haben ihre Ideen (die Inhalte ihres Geistes und somit ihren Geist) in Symbole verwandelt, um andere Menschen in einen Bewußtseinszustand zu versetzen, in dem sie diese Symbole mit ihrer Aufmerksamkeit lebendig erhalten, sie manifestieren und sie weitertragen und künftigen Generationen übermitteln. Ihre Methode war nicht die Religion, sondern die Größere Schwarze Magick überlegenen, richtungweisenden Denkens, eine überlebensfähige Kombination nichtorganischer, immaterieller Entitäten: Intelligenz und Wille.

Wenn es uns gelingt, die Trancen abzuwerfen, die diese großen Magier der Menschheit auferlegt haben, erkennen wir, daß ihr eigentliches Großes Werk nicht darin bestand, uns selbstlos über gewisse Dinge des Universums und die menschliche Existenz zu unterrichten und aufzuklären, sondern unsere Leichtgläubigkeit und Schicksalsergebenheit benutzten, um ein kontinuierliches Bewußtsein zu erlangen, welches ihr Dasein über den Verfall ihrer bio-physischen Grundlage hinaus ausdehnt und sich neue Kontinua des Werdens erschließt.

Wir sind solange blind für diese „Höchste Form des Lebens", wie wir „Leben" mit Herzschlag, Atem und Gehirnaktivität identifizieren und alles, was diese Kriterien nicht erfüllt, als „Tod" bezeichnen. Die glänzenden Sterne in der Nacht menschlicher Dummheit verwenden Symbole, um sich von den Fesseln organischen Funktionierens zu befreien und um ein hochdifferenziertes Bewußtsein ihrer selbst zu entwikkeln, das soviele kreative Gegensätze zu integrieren vermag, daß es sich immer wieder selbst neu kreieren kann, sich immer neu entwirft und wird.

So kann man die Sache auch sehen und sich an die Ideenlehre Platons erinnert fühlen. Wie jeder weiß, unterscheidet Platon zwischen dem Objekt und der bildhaften Gestalt des Objekts im wahrnehmenden Bewußtsein. Weiterhin unterscheidet er diese Gestalt von dem auf wesentliche Grundzüge reduzierten Urbild. Die im Bewußtsein imaginierten Erscheinungsbilder mögen sich in Einzelheiten unterscheiden, stimmen in ihren Hauptmerkmalen jedoch überein. Diese immanente Kongruenz ist die anschauliche Selbstdarstellung einer „Idee“. Diese Ideen lassen sich nach Platon begrifflich fixieren in sogenannte Allgemeinbegriffe (lat.: „universalia“). Ob diese nun wesentlich Wirklichkeit besitzen oder bloße Abstraktionen und Denkformen sind, ist der kritische Punkt nicht nur bei Platon, sondern auch bei der oben erläuterten Auffassung vom Wesen eines Symbols.

Zur weiteren Klärung dieser Frage lohnt es sich, einen wenig beachteten Text des Altmeisters Aleister Crowley zu berücksichtigen: „*Was ist eine* Zahl, *oder ein* Symbol?“ aus dem *Liber 777*. Crowley gesteht einer Zahl die Möglichkeit zu, ein Ding an sich zu sein und eine unendliche Menge von ihr eigentümlichen Eigenschaften zu besitzen, und er kritisiert den Versuch, die wahre Natur der Zahlen oder der Symbole durch ein Studium der Beziehungen zwischen ihnen zu entdecken. Mit anderen Worten: wir dürfen trotz aller praktischen Vorteile nicht erwarten, daß unsere Definitionen einer Symbol-Einheit mit den ihr eigenen Möglichkeiten notwendigerweise übereinstimmen. Die Argumentation Crowleys ist eindrucksvoll, und es sei hier angeregt, den Text nochmal zu lesen. Dennoch argumentieren wir nicht pro und contra der individuellen Realität eines Symbols, sondern regen lediglich an, diese Sichtweise einmal anzunehmen und eine ihr entsprechende Praxis zu entwerfen.

Wenn wir eine Erfahrung im kontextuellen Rahmen eines zuvor definierten Symbols machen, welche die Grenzen unserer Definitionen sprengt, müssen wir nicht notwendigerweise davon ausgehen, daß unsere Definition falsch war, sondern können ebenso gut uns selbst neu definieren und das Symbol unverändert lassen. Dadurch bestätigen wir weder unsere eigene Wirklichkeit noch jene des Symbols, sondern wir definieren lediglich eine spezielle Art von Beziehung als dynamischen Austausch einander unabhängiger, individueller Existenzen. Den hieroglyphischen Repräsentationen unseres Verstandes mag dies paradox erscheinen, solange wir die Identität unseres Geistes mit seinen Inhalten außer acht lassen. Wir beginnen zu *werden*, wenn wir unseren auf Erfahrungen im dreidimensionalen Raum resultierenden Axiomen die Angewohnheit austreiben, uns selbst und unsere lineare Beziehung zur Welt zu bestimmen und beginnen, uns selbst zu entwerfen. Wir verwandeln damit uns selbst in ein Symbol, dessen Authentizität gerade in seinem unaufhörlichen Werden liegt. Die „0=2“-Gleichung beschreibt dieses Verfahren und eben nicht die Beziehung zwischen „0“ und „2“. „0=2“ muß als Ganzes gelesen und verstanden werden, als eine identische Einheit, die sich selbst als unaufhörlichen Wandel und gezieltes Werden wahrnimmt und verwirklicht. Diese Symbol-Einheit ist sich ihrer selbst bewußt, nicht weil sie ist, was sie ist, sondern weil sie geworden ist, was sie wollte, und wird, was sie will.

Der ausschlaggebende Punkt ist der Wille. Jeder Mensch erfährt im Laufe seines Lebens Veränderungen seiner Identität, dessen, als was er sich selbst wahrnimmt. Der Durchschnittsmensch nennt es den natürlichen Lauf der Dinge; der Magier, der große Veränderungen erfährt, nennt es Einweihung. Der Schwarze Magier betrachtet die Tatsache des unaufhörlichen Entstehens und Vergehens der Dinge, die zeitliche begrenzte Dauer des biologischen Lebens und die wandelbare Natur des Universums jedoch als eine unzumutbare Einschränkung seiner Willensfreiheit, die er nicht so ohne weiteres als letzte Antwort hinnimmt. Vielmehr realisiert er die Möglichkeiten, das Werden als ein Gefährt zu verwenden, welches sein Bewußtsein zur Unsterblichkeit führt.

Wann immer von *Werden* die Rede ist, muß man sich des Einflusses der Zeit bewußt werden. In zeitloser Ewigkeit findet keine Veränderung mehr statt. Diese ewige Monotonie ist Ziel des Mystikers, der dem Rad des Lebens zu entkommen versucht durch einen Prozeß des Entwerdens, einem Rückfluß zum Ursprung, wo er verharren möchte, ohne von den Zähnen der Zeit belästigt zu werden. *Werden* jedoch betont diese Veränderungen in der Zeit. Bekannterweise kann „0=2" auch als „0 = -1+1" geschrieben werden. Dazu eine interessante Anmerkung des Oxford-Professors für physikalische Chemie Peter W. Atkins aus seinem spannend zu lesendem Buch *Schöpfung ohne Schöpfer: „Gegensätze unterscheiden sich durch ihre Richtung in der Zeit... Ich habe die Gegensätze durch die Symbole 1 und -1 wiedergegeben. 1 und -1 sind, wenn wir sie in diesem Sinne als Symbole für Gegensätze nehmen, unterschieden durch die Richtung, die sie in der Zeit einschlagen. -1 ist 1, das sich in der Zeit rückwärts bewegt. Gibt es keine Zeit, verschmelzen 1 und -1 zu ... nun, zu 1-1=0, zu nichts. Die schwierige, aber gerade noch nachvollziehbare Spekulation, die im Mittelpunkt meiner Überlegungen steht, besagt, daß das Universum durch einen selbstbezüglichen Vorgang entstanden ist. Ich habe demonstriert, daß 1 und -1, die Punkte und ihre Abwesenheit, bei geeigneter Anordnung Zeit und Raum konstituieren. Doch um vorhanden zu sein und um entstehen zu können, brauchen Punkt und Nicht-Punkt die Zeit, denn die Zeit zerlegt sie, scheidet sie und zieht sie aus dem Nichts. Das ist die zentrale Selbstreferenz: die Entstehung der Zeit aus ihrem Staub; die Entstehung des Staubs durch die Strukturierung der Zeit."* (S. 138/139).

Damit beschreibt er ziemlich genau das, was wir als eine mögliche Praxis Größerer Schwarzer Magick hier vorstellen möchten. Statt sich mit einem Symbol zu identifizieren, also mit ihm zu verschmelzen und so Zeit und Werden aufzulösen, ist es auch möglich, mit Hilfe eines Symbols eine Spannung im Bewußtsein zu erzeugen und diese so lange aufrechtzuerhalten, bis die Identifikation mit sich selbst sich zu lösen beginnt und dann *nicht* auf das Symbol übertragen wird. Dies ist jedoch ein Prozeß, der *mit der Zeit* stattfindet, also nicht als singulares Raum-Zeit-Ereignis gedacht werden soll, sondern als ein im Verlauf langwieriger Praxis sich vollziehender Akt der Überwindung aller physischen, emotionalen, psychischen und mentalen Grenzen, innerhalb deren sich ein bewußtes Wesen als das identifiziert, was es bisher geworden ist. Wir definieren uns selbst dabei als „1", als eine positive Einheit, deren formulierter Wille lautet, sich selbst zu etwas anderem zu verwandeln, sich selbst zu erschaffen. Dazu benötigen wir ein „-1", eine negative Einheit, die ebenfalls über einen eigenen Willen verfügt, welcher unserem diametral entgegengesetzt ist. Diese Aufgabe kann ein Symbol aber nur erfüllen, wenn wir ihm gestatten, zu sein, was es ist, wobei uns überhaupt nicht interessieren muß, was es ist. Wir widerstehen dem Drang, herkömmliche Wege der Wahrnehmung und Identifikation zu wiederholen, und erzeugen auf diese Weise eine Spannung in unserem Bewußtsein, welche es zwingt, in einem selbstreferentem Akt sich seiner selbst bewußt zu werden fernab aller ihm nicht eigentümlichen Bezugspunkte.

Die Größere Schwarze Magick kann als eine fortgeschrittene Methode des Raja-Yoga verstanden werden, die sich jedoch des vollen Potentials des Lebens bedient, statt sich dessen zu enthalten und sich in asketischer Yoga-Manier von ihm zurückzuziehen. Diese Methode zeitigt ganz eigene Wirkungen und unterscheidet sich von jeder anderen Form der Magie! Sie verlangt einen eisernen und abgründigen Willen, der sich nicht von der süßen Wärme der Wiederholung von seinem Werden abhalten läßt, und eine Intelligenz, die im Erkennen von Unterscheidungen, im Strukturieren von äußerst komplexen Zusammenhängen und in weitsichtiger, umfassender Anleitung zum Handeln geübt ist. Sie hat viel gemein mit dem *odhinnischen Pfad* des Runenmeisters, wie Edred Thorsson ihn in seinen Büchern *Runenmagie* und *Runenkunde* beschreibt und deren Lektüre sich jeder angehende Schwarze Magier zur Pflicht machen sollte. Aus verschiedenen, guten Gründen.

Es ist hoffentlich klar geworden, daß sich ein Großteil der schwarzmagischen Praxis des Bewußtwerdens der eigenen Annahmen und Grundlagen widmet in der Absicht, so exakt wie möglich die eigenen Grenzen zu erkennen sowie die optimalen Bedingungen, diese zu überschreiten. Die magische Verwendung von Symbolen ist eine solche Grundlage, die längst nicht alle Möglichkeiten, die in ihr angelegt sind, ausschöpft. Wir können die Spannung der Gegensätze, der polaren Felder dazu verwenden, eine starke, energetische Entladung in Form einer ekstatischen Vereinigung (also eine Gnosis) herbeizuführen, und jeden Unterschied neutralisieren durch eine progressive Serie von Identifikationen, oder aber die Spannung und Reibung der Extreme (z.B. von -1 und 1) noch erhöhen und maximieren und auf diese Weise die Flamme unserer Individualität nähren. Letztere Variante bezeichnen wir als Größere Schwarze Magick, eine Möglichkeit, um immer stärker zu werden, um mehr Freude zu ertragen und um die ganze Kraft und Spannbreite unserer Getrennt-Heit oder Anders-Heit zu erkennen und zu nutzen.

Die aus Trägheit geborene Stereotypie menschlicher Vorstellungen sowie die aus Erschöpfung resultierende Unlust und Feigheit, neue Wege im Denken und Handeln zu versuchen und die Unterscheidungs- und Abstraktionsfähigkeit unserer Intelligenz noch weiter auszudehnen, sind die ersten Hindernisse, die aus dem Weg geräumt werden müssen, um das All-Potential, dessen wir uns so rühmen, auch einzusetzen. Dabei können uns Symbole dienlich sein, indem sie das individuelle Bewußtsein immer wieder auf sich selbst zurückwerfen und es selbst in ein Symbol gewollten, individuellen Werdens verwandeln helfen, in ein Selbst-Bewußtsein, das die Kräfte und Energien des natürlichen, unbewußten Lebens absorbiert, integriert und beherrscht. *Set* wird als ein solches Symbol verstanden, als die Bewußtheit einer Intelligenz, die sich vom natürlichen Universum trennte.

Die Verwendung des aversen Pentagramms in der Schwarzen Magick wird durch dieses Essay hoffentlich verständlich geworden sein. Ebenso die Tatsache, daß all diese Worte lediglich symbolischer Ausdruck dafür sind, was zu tun ist.

Xeper

Platonische Erkenntnisformen

„So let us stop today, to live and die the same way."

Douglas P.

Die Größere Schwarze Magick bezieht die Gesamtheit menschlicher Existenz in ihre Planungen und Handlungen mit ein. Daher ist es vorteilhaft, sich der verschiedenen Wege der Wissensgewinnung bewußt zu werden, durch die wir mit uns selbst und mit unserer Umwelt interagieren. In dieser Hinsicht ist das erkenntnistheoretische Werk Platons von großem praktischem Interesse, in dem alle Hauptrichtungen der damaligen griechischen Philosophie konvergieren. Sein Versuch, den Gegensatz zwischen der von Heraklit verkündeten Lehre des ewigen Werdens und Vergehens und dem unveränderlichen Sein bei Parmenides aufzulösen, mag als gescheitert beurteilt werden. Dennoch resultiert aus diesem Versuch die Formulierung (oder Entdeckung) unterschiedlicher Formen der Erkenntnis, zu denen jeder Mensch potentiell in der Lage ist.

Sinn und Zweck der folgenden kurzen Darstellung dieser Erkenntnisformen ist es, dem Magier ein Begriffs-Instrumentarium zur Verfügung zu stellen, welches ihm die gewaltigen Möglichkeiten, die in *jedem* Seinszustand und *jeder* Erfahrung angelegt sind, erkennen hilft und verfügbar macht.

episteme: bezeichnet die Art von Verstehen, die sich nur aus der Tat, dem Handeln ergibt. Das unbezweifelbare Wissen, das aus der unmittelbaren Erfahrung entsteht. Z.B beim Schreiben von Poesie, bei Sport und Spiel, beim Zubereiten einer Mahlzeit etc.

mathesis: das Wissen, das aus dem Verständnis reiner Logik gewonnen wird, z.B. der Geometrie, wo die Verhältnismäßigkeit von Figuren und Gestalten festgelegt ist und die Regeln der Verhältnismäßigkeit nicht widersprüchlich sind, sondern einander bestätigen.

pathesis: Denke an jemanden, den Du sehr liebst und frage Dich, warum Du ihn/sie liebst. Das Gefühl, das auftaucht, bevor Du zu analysieren beginnst, ist ein eindeutiges Wissen nonverbaler Art über Deine Beziehung zu diesem Menschen. Pathesis verdeutlicht die Unanbhängigkeit des Wissens von verbalisierter Mitteilung.

dianoia: bezeichnet die Gewißheit des Selbstbewußtseins, jene Art von Wissen, die Dich lehrt, deinen Schlußfolgerungen und Entscheidungen zu vertrauen. Die konkrete und umfassende Klarheit darüber, was Du willst, was Du tust und was Du kannst – Selbstvertrauen. Nur eine gleichmäßige und ausgeglichene Entwicklung von episteme, mathesis und pathesis führt zu dianoia.

noesis: kann nur vom Status der dianoia aus erfahren und entwickelt werden. Sie beinhaltet die Aufnahme, Integration und Aussendung von Informationen, die die gewöhnliche Linearität menschlicher Intelligenz durchbricht. Z.B. kontrollierte außerkörperliche Erfahrungen oder die immense Ausdehnung des Bewußtseins bei gleichzeitger Verdichtung des eigenen Selbst auf 150 mg Ketamin.

Magie III

Magie impliziert Lernen. Da Lernen ein Kommunikationsphänomen ist, ist es in besonderem Maße von der kybernetischen Revolution betroffen, welche seit fast fünfzig Jahren darauf beharrt, die Grundlagen menschlichen Denkens in den verschiedenen wissenschaftlichen Bereichen zu überprüfen. Das Wort „Lernen" bezeichnet zweifellos eine Veränderung irgendeiner Art, und da Magie sich ebenfalls mit der „Herbeiführung von Veränderungen in Übereinstimmung mit dem Willen" beschäftigt, ist es naheliegend, nach formalen Ähnlichkeiten zu suchen.

Die Definition der Magie als eine Wissenschaft und Kunst, willentliche Veränderungen zu bewirken, hat einen schwerwiegenden Mangel. Sie erklärt in keinster Weise, um welche Art von Veränderungen es sich handelt. „Veränderungen auf der fein- oder grobstofflichen Ebene" deutet lediglich an, wo oder auf welche Weise sich Veränderungen ereignen. Wenn wir von „Lernen" oder von „Magie" reden, müssen wir auch eine Vorstellung davon haben, welche Arten von Veränderungen wir dabei ins Auge fassen. Wenn ich einen kranken Trottel heile, dann habe ich einen gesunden Trottel. Durch einen Akt magischen Heilens habe ich bei einem Menschen eine Veränderung (vornehmlich auf der feinstofflichen Ebene) herbeigeführt. Aus einem Trottel ein Genie zu machen, ist aber offensichtlich eine Veränderung ganz anderer Art. Diese Unterschiede in der Klassifikation verschiedener Arten von Veränderungen spielen auch beim Verständnis des Lernens eine große Rolle.

Im folgenden werden wir feststellen, daß sich verschiedene Stufen des Lernens formulieren und hierarchisch ordnen lassen und daß sich eine ähnliche Ordnung in der Magie finden läßt, deren Verständnis helfen wird, Wesen und Ziel der Größeren Schwarzen Magick genauer zu erfassen. Darüberhinaus wird vielleicht klar werden, daß die Magie selbst der ständigen Veränderung unterworfen und längst keine abgeschlossene Disziplin ist. Im Gegenteil, nie waren die Möglichkeiten für ihre Entwicklung so groß.

Lernen

Gregory Bateson, der geniale Pionier des ökosytemischen Denkens, untersucht die verschiedenen Arten des Lernens in dem Aufsatz *Die logischen Kategorien von Lernen und Kommunikation* (in: *Ökologie des Geistes,* stw, S. 362-399). Seine formalen Studien basieren auf der logischen Typenlehre von Bertrand Russel und Alfred N. Whitehead. Die Theorie der logischen Typen besagt, daß in der formalen Logik keine Menge Element ihrer selbst sein kann; daß eine Menge von Mengen nicht eine der Mengen sein kann, die ihre Elemente sind. Diese offenkundige Behauptung ist berühmt geworden durch A. Korzybskis Satz „Die Karte ist nicht das Territorium". Die Theorie behauptet weiterhin, daß eine Menge nicht eine jener Einheiten sein kann, die zutreffend als ihre Nichtelemente klassifiziert werden. Wenn wir Stühle zusammenfassen, um so die Menge der Stühle zu bilden, und weitergehend erwähnen, daß Tische und Lampenschirme Elemente einer Menge von 'Nichtstühlen' sind, so ist die *Menge der Stühle* nicht zu den Einheiten innerhalb der Menge der Nichtstühle zu rechnen. Da keine Menge Element ihrer selbst sein kann, kann die Menge der Nichtstühle eindeutig kein Nichtstuhl sein. Mit anderen Worten: die Menge der Stühle gehört derselben Abstraktionsstufe an wie die Menge der Nichtstühle. Beide Mengen sind von demselben logischen Typ. Schließlich besagt die Theorie, daß, wenn gegen diese einfachen Regeln des formalen Diskurses verstoßen wird, Paradoxien erzeugt werden und der Diskurs zu Fehlern führt.

Die Theorie wurde in der abstrakten Welt der Logik gewonnen, in einer Welt, in der die *Zeit* nicht existiert. Wird diese Theorie in der realen Welt angewandt, z.B. bei der Beobachtung und Erklärung von solchem Verhalten wie Lernen, müssen die Unterschiede, die durch den Einfluß der Zeit entstehen, berücksichtigt werden. Bateson argumentiert nun, daß Lernen ein Phänomen ist, daß in verschiedene logische Typen kategorisiert werden muß, um die Unterschiede des Lernens zu erkennen und nicht miteinander zu verwechseln, was zu den soeben erörterten logischen Fehlern führen würde.

Es ist unmöglich, die brilliante Argumentation und Schlußfolgerung, die Bateson aufführt, in diesem kurzen Essay wiederzugeben. Wir beschränken uns daher auf eine kurze Zusammenfassung der wichtigsten Punkte.

Lernen Null

Bateson stellt fest, daß das Wort „Lernen" häufig auf das angewandt wird, was er als „Lernen Null" bezeichnet: die einfache Informationsaufnahme von einem äußeren Ereignis, die zu einem späteren und geeigneten Zeitpunkt dieselbe Information übermitteln wird. Ich „lerne" von der Werkssirene, daß es zwölf Uhr ist. Lernen Null kann durch die mathematische Fiktion des „Spielers" in einem von Neumannschen Spiel veranschaulicht werden. Definitionsgemäß ist der Spieler in der Lage, alle notwendigen Rechenoperationen durchzuführen, um die Probleme zu lösen, die sich im Verlauf des Spiels stellen; er ist unfähig, diese Rechenoperationen *nicht* durchzuführen, auch wenn dies angebrachter ist. Der Spieler folgt immer den Ergebnissen seiner Berechnungen. Er ist definitionsgemäß nicht des Irrtums fähig und außerstande, durch „Versuch und Irrtum" zu lernen.

Beispielsweise kann er eine Entscheidung auf Wahrscheinlichkeitserwägungen stützen und die Handlung wählen, die angesichts der begrenzten zur Verfügung stehenden Informationen am wahrscheinlichsten war. Stehen ihm anschließend mehr Informationen zur Verfügung, kann er herausfinden, daß diese Handlung falsch war. Aber diese Entdeckung kann nichts zu seiner zukünftigen Fertigkeit beitragen. Definitionsgemäß hat der Spieler alle *verfügbaren* Informationen richtig benutzt. Sollte das Problem wiederkehren, wird er dieselben Berechnungen erneut *richtig* durchführen und zu dem nämlichen Ergebnis gelangen. Das Erkennen von Fehlern der Vergangenheit führt im Fall des Lernens Null nicht notwendigerweise zu verändertem Verhalten in der Gegenwart.

Lernen Null ist also die Bezeichnung für die unmittelbare Grundlage all jener Akte, die nicht der Korrektur durch Versuch und Irrtum unterworfen sind.

Lernen I

Eine grundlegende *Veränderung* im Lernen Null würde dann eintreten, wenn ein Einzelwesen zum Zeitpunkt 2 eine andere Reaktion zeigt als zum Zeitpunkt 1; wenn es eine frühere Wahl seines Verhaltens zurücknehmen und korrigieren könnte. In dieser Beschreibung von Lernen I steckt jedoch die unausgesprochene Annahme, daß der Kontext im Zeitpunkt 1 und im Zeitpunkt 2 irgendwie derselbe ist. Ohne die Annahme eines wiederholbaren Kontextes würde folgen, daß alles Lernen von einem Typ wäre: nämlich Lernen Null.

Der Begriff des Kontextes unterliegt streng der logischen Typisierung, denn der Kontext ist eine Meta-Mitteilung, die eine elementare Wahrnehmung klassifiziert. Daraus folgt, daß ein Einzelwesen zu einem Zeitpunkt 2 eine andere Wahl treffen kann als zu einem Zeitpunkt 1, wenn zu beiden Zeitpunkten derselbe Kontext vorliegt und das Einzelwesen die Markierungen dieses Kontextes erkennt. Stark vereinfacht formuliert, ist ein Einzelwesen dann zu Lernen I fähig, wenn es seine spezifischen Reaktionen auf äußere Ereignisse durch die Berichtigung von Irrtümern der Auswahl innerhalb einer Menge von Alternativen verändern kann. Da innerhalb einer Menge verschiedene Möglichkeiten gewählt werden können, handelt es sich beim Lernen I um einen höheren logischen Typ als Lernen Null, bei dem die spezifische Reaktion zu keinem Zeitpunkt korrigiert werden kann.

Lernen II

Lernen II bezeichnet, wie zu erwarten ist, Veränderungen im Prozeß des Lernens I, z.B. eine korrigierende Veränderung in der Menge von Alternativen, unter denen die Auswahl getroffen wird. Ein gutes Beispiel dafür ist das „Umkehrungs-Lernen". Bei diesen Experimenten lernt das Subjekt zunächst immer eine binäre Unterscheidung. Wenn dies als Kriterium gelernt ist, wird die Bedeutung der Reize umgekehrt. Wenn X anfänglich R-1 'bedeutete', und Y anfänglich R-2 bedeutete, dann bedeutet X nach der Umkehrung R-2 und Y bedeutet R-1. Wenn dies als Kriterium gelernt wurde, werden die Bedeutungen abermals umgekehrt usw. Mit anderen Worten: das Subjekt lernt, verschiedene Kontexte zu identifizieren und zwischen ihnen eine geeignete Wahl zu treffen. Es ist nicht länger auf die Wiederholung ein und desselben Kontextes angewiesen, um seiner Intelligenz und Urteilskraft vertrauen zu dürfen. Da hier nicht nur innerhalb einer Menge *zwischen Elementen* gewählt werden sondern *zwischen verschiedenen Mengen* (Meta-Mitteilungen wie Kontexte) derselben Abstraktionsstufe eine vorherige Wahl revidiert werden kann, ist das Lernen II von einem höheren logischen Typ als Lernen I.

Lernen III

Lernen III als Veränderung im Prozeß des Lernens II bezeichnet z.B eine korrigierende Veränderung im System der Mengen von Alternativen, unter denen die Auswahl getroffen wird. Das Individuum könnte lernen, bereitwilliger jene Gewohnheiten zu bilden, die wir Lernen II nennen. Ebenso könnte es lernen, die Gewohnheiten zu ändern, die durch Lernen II erworben wurden, oder sein Lernen II einzuschränken und zu steuern. In allen Fällen betrifft die grundlegende Veränderung, die zu Lernen III führt, das Individuum selbst. Individualität ist ein Resultat oder eine Ansammlung aus Lernen II. In dem Maße, wie ein Mensch Lernen III erreicht und es lernt, im Rahmen der Kontexte von Kontexten wahrzunehmen und zu handeln, wird sein „Selbst" in der Interpunktion der Erfahrungen eine veränderte Rolle einnehmen. Das System der „Mengen von Alternativen" ist das eigene Selbst, und eine Veränderung in diesem System ist synonym mit dem Wandel des individuellen Selbst, eine Revision grundlegender Annahmen. Eine mögliche Veränderung könnte sein, das individuelle Selbst irrelevant werden zu lassen und so das System von inneren Gegensätzen zu befreien, was die genaue Methode der Mystiker ist.

Das herausragende Charakeristikum beim Lernen III ist, daß das Individuum lernt, die in der Semantik gründende Spaltung von 'Ich' und 'Wahrnehmung' aufzuheben und die unmittelbare Erfahrung direkt zu beeinflussen. Lernen III scheint vor allem eine Veränderung im Gebrauch des menschlichen Nervensystems, vor allem des Gehirns zu beanspruchen und ist, nach Bateson, nicht von allen Menschen zum gegenwärtigen Zeitpunkt erreichbar.

Die nächste Stufe des Lernens IV kommt aber vermutlich bei keinem ausgewachsenem lebenden Organismus auf dieser Erde vor, denn dies würde eine Verbindung von Ontogenese und Phylogenese bedeuten, die vom Individuum herbeigeführte Veränderung seiner Specie oder die willentliche Aktivierung bisher inaktiver Teile der DNS. Wenn im Lernen III das eigene Gehirn verändert wurde, so würde im Lernen IV der gesamte Organismus verändert werden müssen, um eine neue Grundlage zu schaffen, welche diese Klasse von Veränderungen wahrzunehmen und mit ihnen sinnvoll umzugehen weiß.

Läßt sich die Magie mit ihren vielfältigen Formen und ihrer jahrtausendelangen Geschichte auf ähnliche Weise klassifizieren? Da die Magie nicht in aller Vollständigkeit vom Himmel fiel, sondern nach und nach von Individuen entwickelt wurde und dabei grundlegende Veränderungen erfuhr und noch immer erfährt, scheint zumindest der Versuch einer solchen Klassifikation angebracht. Es soll verdeutlicht werden, daß die verschiedenen Formen der Magie weniger durch ihre Praktiken als durch die verschiedenen Arten von Veränderungen, welche sie herbeiführen, unterschieden werden können.

Viele primitive Formen der Magie betrachten die Natur selbst als etwas Magisches, als von besonderen, unsichtbaren Kräften und Wesen beseelt. Der Stammes-

Schamane, der die Seele des Büffels während einer Trance-Reise einfängt und die Kranken seines Stammes heilt, versucht, die Gesetze der Natur, so wie er sie kennengelernt hat, zu beachten und einzuhalten. Das Überleben im ewigen Kreislauf des Entstehens und Vergehens zu sichern, ist seine Aufgabe. Die Veränderungen, die der Schamane herbeiführt, dienen der Wiederherstellung des natürlichen Gleichgewichtes. So ist Krankheit kein individuelles, sondern ein Gruppenphänomen. Hat die Gemeinschaft das natürliche Gleichgewicht der sichtbaren und unsichtbaren Kräfte gestört, so manifestiert sich dieses Ungleichgewicht im schwächsten Glied der Gruppe. Die „Heilung“ der Person ist somit eine kollektive, dem Überleben aller dienende Handlung, deren Rahmen durch die Gesetze der Natur bestimmt wird. In anderen Worten: die Magie des Schamanen bestätigt immer die Natur. Leidet die Gruppe an Krankheiten und Hunger oder ist die Jagd erfolgreich und der Nachwuchs gesund, es sind immer natürliche Auswirkungen ihres Verhaltens. Die Handlungen des Schamanen dienen daher nicht der Veränderung der Natur, in der er lebt, sondern gerade der Aufrechterhaltung der Abläufe in seiner Umwelt. Innerhalb der kosmischen Ordnung kreisen seine magischen Akte um die minimale Veränderung, die seiner Gruppe das Überleben sichern helfen und das große Gleichgewicht nicht gefährden. Der verantwortungsbewußte Schamane wird nie versuchen, dieses Gleichgewicht zu stören, obwohl er gerade daraus sehr viel über seine Einflußmöglichkeiten lernen könnte. Das Überleben der Urvölker war eine todernste Angelegenheit, und gerade dieser Todernst ließ keinen Raum für Experimente.

Wir diskreditieren keineswegs die Weisheit unserer Ahnen, wenn wir ihre Magie in Anlehnung an Batesons Kategorien des Lernens als *Magie Null* bezeichnen, sondern nehmen nüchtern und frei von romantischen Flausen wahr, daß sie in einer Welt lebten, in der das Überleben keine Selbstverständlichkeit, sondern harte Arbeit war. Das Überleben verlangte die strikte Einhaltung der Natur-Gesetze, die die Parameter aller magischen Handlungen des Schamanen bildeten und seine Arbeit bestimmten. Der Schamane „lernt“ aus der Erkrankung eines Stammes-Mitglieds, daß die Gruppe nicht harmonisch in das dynamische Gleichgewicht der Natur eingefügt ist. „Ich lerne von der Werkssirene, daß es zwölf Uhr ist.“ Seine Magie ist etwas Natürliches, und jedes Ereignis in der Natur wird die Richtigkeit der Magie bestätigen. Das ist überhaupt kein Einwand gegen die häufig bezeugte Effizienz schamanistischer Praktiken, doch man sollte nicht aus den Augen verlieren, daß diese Magie selbst die Maßstäbe definiert, an denen Effizienz gemessen wird. Der schamanistische Magier operiert in einem Umfeld, das seine Aufgaben und Handlungen sowie die Art der von ihm eingeleiteten Veränderungen bestimmt. Doch diese Veränderungen „kratzen“ niemals an den Regeln des Spiels, das in diesem Falle „Überleben“ heißt. Als *Magie Null* können daher all jene Formen oder Schulen der Magie bezeichnet werden, die die Spielregeln der Natur, aus welchen Gründen auch immer, unbedingt einhalten. In welchem Maße dabei diese Regeln bekannt sind, betrifft lediglich die Quantität der möglichen Handlungen, nicht aber deren den Menschen in die Natur einbindenden Charakter.

Dagegen ist der kabbalistische Magier nicht damit zufrieden, den Status Quo zu bestätigen. Ihm geht es vielmehr darum, seine eigene Natur zu verwandeln und sich zu erheben, um „Gottes Antlitz zu schauen". Er ist wie der Schamane ein Teil der Natur, doch seine Hauptaufmerksamkeit gilt nicht mehr den täglichen Geschäften des Überlebens. Die Kabbala lehrt ihn, daß die Elemente seiner eigenen Natur gelöst und neu zusammengesetzt werden müssen, um den Geist Gottes wiederzuspiegeln. Bei dieser Arbeit muß er seiner eigenen Urteilskraft vertrauen lernen. Denn seine magischen Handlungen sollen Veränderungen in ihm auslösen, die die natürlichen Gegebenheiten transzendieren, d.h. ihre Grenzen überschreiten. Diese religiöse Form der Magie taucht vornehmlich in monotheistischen Glaubenskulten auf, wo irgendein jenseitiges Wesen den Menschen auffordert, die Natur zu beherrschen und sich nicht mit ihr zu identifizieren. Die Kabbala (wie auch die hermetische Tradition der Alchimie und viele gnostische Kulte) ist ein Kontext, innerhalb dessen der Magier frei wählen kann, welche Veränderungen er herbeiführen will. Das intellektuelle System der Kabbala bildet einen Zusammenhang zwischen verschiedenen Zeitpunkten, ohne der Irreversibilität der Naturereignisse ausgeliefert zu sein. Dadurch erlangt der Magier eine Freiheit seines Willens, eine Ausdehnung seiner persönlichen Einflußnahme und Macht, die der Schamane als frevelhaft bezeichnen würde.

Der kabbalistische Magier ist nur ein Beispiel für *Magie I*, zu der alle Formen der Magie gezählt werden können, deren Systeme so angelegt sind, daß sie den Magier von dem Primat natürlicher Bedürfnisse befreien und ihm eine große, aber begrenzte Freiheit zusprechen bezüglich seiner Wahl an möglichen Veränderungen. Da der Kontext des magischen Systems jedoch die Menge bestimmt, aus der die Wahl getroffen werden kann, läuft der Magier zeit seines Lebens Gefahr, sich im Kreis zu drehen. Unschwer läßt sich der Faustische Typus erkennen, den trotz aller Freiheit und trotz allen Wissens die Tatsache wurmt, daß selbst die heilige Kabbala nur ein Set von Worten und beschränkten Möglichkeiten ist und nur kontextuelle Wahrheiten liefert. Wenn diese Unzufriedenheit in ausreichender Weise das Gehirn anregt, dann kann der Magier beginnen, in seine Planungen auch die Wahl des Kontextes mit einzubeziehen. So kann er zu einem Zeitpunkt in einem kabbalistischen Kontext, zu einem anderen Zeitpunkt in einem ägyptischen Kontext und wieder zu einem anderen Zeitpunkt in einem heidnischen Kontext Magie praktizieren. Jeder dieser Kontexte bietet eine Vielfalt von ganz eigentümlichen Möglichkeiten.

Die Revision der Wahl des geeigneten Kontextes ist Merkmal der Magie II, zu der u.a. die Chaos-Magie, das haitianische Voodoo und die vom Bhakti-Yoga inspirierte thelemitische Magie Crowleys zu zählen sind. Die Individualität des Magiers erreicht in der Magie II ihre bis dahin höchstmögliche Entfaltung, denn er kann selbst den Rahmen auswählen, innerhalb dessen er sich selbst und die Welt wahrnimmt. Er kann von einer Realität in die nächste springen und auf die Wiederholbarkeit eines Kontextes verzichten. Die Freiheit des Magiers schöpft aus der theoretisch unendlichen Menge verschiedener Kontexte, die jedoch alle derselben Abstraktionsstufe angehören. Auf dieser logischen Ebene existiert kein „Meta-Kontext", der alle verfügbaren Kontexte in einer Menge zusammenschließt. Die Essenz der Möglichkeiten des Magiers liegt in seinem schon angesprochenem Vermögen, von einem Kontext zu einem anderen Kontext zu wechseln, nicht aber gleichzeitig in verschiedenen Kontexten agieren zu können. Ebensowenig ist er in der Lage, sozusagen zwischen Kontexten zu verweilen. Wenn der Magier auf Widerstände stößt, die in dem gegebenen Kontext nicht oder scheinbar nicht zu lösen sind, so kann er einen zur Lösung des Problems geeigneteren Kontext wählen. Er ist in keinster Weise an irgendeine absolute Vorstellung gebunden, die ihm unüberbrückbare Grenzen auferlegt. Hier liegt der Knackpunkt. Die Ebene der Magie II erlaubt ihm, jeder Situation auszuweichen, die ihn dazu zwingen würde, neue Wege und Möglichkeiten zu erschließen. Die Magie II hat dem Magier ein exponentielles Wachstum seiner Freiheit ermöglicht, und einen Genuß, an den er sich schnell gewöhnen kann. Man muß sich klar vor Augen halten, daß ein solches Individuum jede Grenze, jedes Anhalten von Bewegungsfreiheit als einen Rückschritt betrachten wird, als ein Absteigen auf die Ebene der Magie I.

Vorausgesetzt, das Individuum verfügte über ein enormes Gedächtnis und eine kühle und unbestechliche Intelligenz, dann könnte es sich aller Übergänge, die es erlebte, erinnern und lernen, die Zeit dieser Übergänge auszudehnen, also jene Periode, in der das Selbst von keinem anderen Kontext als der unmittelbaren Erfahrung selbst definiert wird. Anfangs wird sich das Selbst wahrscheinlich in mystischer Leere verlieren oder sich schnellstmöglich wieder dem Genuß einer bevorzugten Selbstdefinition hingeben. Doch in dem Maße, wie das Selbst lernt, daß sein Nicht-sein ein relevanter Faktor seiner eigenen Existenz ist, realisiert es die Möglichkeit, sich selbst zu entwerfen, fernab aller kontextabhängigen Bezugspunkte. Es wird ein Khepera, d.h. ein Werdendes.

Erinnern wir uns an die Theorie der logischen Typenlehre, müssen wir feststellen, daß alle Kontexte, die in der Magie II relevant sein können, Elemente einer Menge sind, welche von einem höheren logischen Typ als die in ihr zusammengefaßten Elemente sind. Wir können diese Meta-Menge nicht benennen, aber sie muß logischerweise existieren. Zum gegenwärtigen Zeitpunkt tendieren die Menschen dazu, die Ebene der Magie III zu leugnen und an ihrer Stelle die Mystik anzuwenden. Die Individualität hat noch nicht jenen Grad an Komplexität erlangt, der das hohe abstrakte Niveau der Magie III ermöglicht, die sich nicht auf natürliche Weise von selbst ergibt im Laufe magischer Praxis. Sie kann nur verwirklicht werden, indem sie willentlich und bewußt anvisiert wird. Die einzige Richtschnur, die dabei angewendet werden kann, ist die leidenschaftslose und indifferente Intelligenz des Magiers sowie die unerschütterliche Treue zu seinem Willen.

In gewisser Hinsicht ist Magie III das Wunschziel der Informatiker: künstliche Intelligenz, die sich ihrer selbst bewußt wird. Dies wird dem Menschen seine eigene Schöpferkraft unmißverständlich ins Bewußtsein bringen und einen Quantensprung in seiner Intelligenzkurve auslösen. Magie III wird eine Selbstverständlichkeit werden.

Die Größere Schwarze Magick befaßt sich ausschließlich mit den Themen der Magie III. Wenn ich Ralph Tegtmeier richtig verstehe, dann kann die *Eismagie* ebenfalls als eine Form der Magie III verstanden werden. Auch die *Magie des dunklen Lichtes* der saturnischen Tradition und vermutlich auch der tantrische Buddhismus der Tibeter stellen Formen der Magie III dar.

Diese sehr kurz gehaltenen Ausführungen, in denen viele Aspekte unausgesprochen bleiben mußten, können vor allem zwei wichtige Thesen der Größeren Schwarzen Magick verdeutlichen helfen, nämlich,

a) daß jedes Fortschreiten in der magischen Praxis des Individuums sowie die Weiterentwicklung der Magie selbst immer von einer Erweiterung der menschlichen Willensfreiheit begleitet ist und

b) daß diese Ausdehnung der Willensfreiheit das einzige Maß ist, an dem das bewußt gelenkte Werden (Xeper) auf seine positiven wie negativen Manifestationen hin bewertet bzw. gemessen werden kann. In anderen Worten: die Praxis der Größeren Schwarzen Magick impliziert die Ablösung des Lust-Prinzips als primäre Richtlinie magischer Entwicklung.

Letzteres erklärt z.T. die Unbeliebtheit der Schwarzen Magick unter den magischen Schulen, die den Entzug von der Mutterbrust mit Todessehnsucht und geistigem Verfall gleichsetzen müssen, da sie es nicht wagen, das Experiment der Selbst-Vergottung *wirklich* in Angriff zu nehmen.

Wenn der Leser eine ungefähre Vorstellung von den Möglichkeiten der Magie III gewonnen hat, wird er sehen, daß sie nicht ein Set von geheimen und noch unentdeckten Praktiken ist, sondern der entschiedene Bruch mit der Vorstellung, daß das Leben eine Sache ist und die Praxis der Magie eine andere. Die Magie wird real, wenn sie gelebt wird. Und die Realität der Schwarzen Magick resultiert aus nichts anderem als der rückhaltlosen Bejahung des eigenen Willens.

Xeper

TAOX

Magick kann furchtbar einfach sein. Gerne wird der Schleier des Mysteriösen um die Schwarzen Künste gelegt, um sich vom Verborgenen anregen zu lassen, weil das Offensichtliche nicht mehr genügend Anreiz bietet. Das wirklich Okkulte an der Magie ist das, was ein Individuum über einen langen Zeitraum hinweg an Fähigkeiten entwickelt hat und worüber es nicht zu anderen spricht. Das Schweigen erst schafft das Okkulte.

Sklavisches Befolgen und buchstabentreues Ausführen überlieferter Techniken ist das Letzte, was einen Menschen zum Magier werden läßt. Ein Magier atmet, denkt und fühlt wie ein ganz gewöhnlicher Mensch, mit dem kleinen Unterschied, daß er weiß, was er tut, und vor allem, *warum* er es tut. Die folgenden Übungsvorschläge sollen daher dazu anregen, sich der Elemente magischer Praxis bewußt zu werden und ihre fundamentale Verwandtschaft mit gewöhnlichen Lebensprozessen zu erkennen.

1) Atmen

Beobachte deinen Atem, nimm ihn wahr, wie er ist. Jetzt. Vielleicht strömt er durch die Nase ein und verharrt im Zentrum deines Brustkorbs. Dann bist du nur einen Schritt von Hyperventilation entfernt. Nimm bewußt einen tiefen Atemzug und beobachte die Wirkung. Werde dir des Unterschieds gewahr und stelle fest, was sich besser anfühlt.

Vergiß das Zählen von Atemzügen der Zen-Praxis und das Inhalieren von Prana der Yogis. Atme einfach zum Rhythmus deines Körpers, so tief und langsam, wie es dein Körper braucht.

Und nimm wahr. Sich des eigenen Atmens bewußt zu werden ist tausendmal wichtiger als „korrekt“ zu atmen. Das Üben verschiedener Atemtechniken (z.B. des Pranayama) kann Aufschluß darüber geben, welche Arten des Atmens für die magische Praxis am geeignetsten sind. Doch im Alltag ist die „magische“ Atemtechnik das „Nicht-Vergessen zu atmen.“ Erinnere dich mehrmals täglich durch ein paar tiefe und bewußte Atemzüge daran, daß du ein atmendes Lebewesen bist und keine vom Sauerstoff unabhängige Maschine. Zu wissen, wer du bist und was du tust, ist eine notwendige Vorbedingung für jede Form der Magick.

2) Ernährung

Alle biochemischen Stoffwechselprozesse, die im Organismus ablaufen, werden durch multispektrale elekromagnetische Felder gesteuert. Chemische Bindungen kommen durch Überlappung der Ladungen (Elektronen) in den Atomhüllen zustande, sind also eigentlich physikalische Ereignisse – quantenphysikalische. Atome tragen elektrische Ladungen, die sie bei Beschleunigung laufend als unterschiedliche Energiemengen in Form von Quanten und elektromagnetischer Strahlung verschiedenster Frequenzen aussenden. Obwohl die meisten Energiequanten nur aus den äußersten Hautschichten emittiert werden können, strahlt der Mensch dennoch pro Sekunde viele Trilliarden Strahlungsteilchen ab – im sichtbaren Bereich, im Wärmebereich und im Mikrowellenbereich, völlig unabhängig von der Temperatur der Umgebung. Bei einem Tag mit 86400 Sekunden und einer Oberfläche des erwachsenen Körpers von 15000-20000 Quadratzentimetern ergibt sich eine Strahlungsemission von insgesamt 6000-9000 Kalorien. Da gleichzeitig aus der Umgebung 5000-7000 Kalorien zugestrahlt werden, muß lediglich der Differenzbetrag von 1000-2000 Kalorien durch Nahrungszufuhr ausgeglichen werden.

Werde dir des Sinnes und des Mechanismus der Ernährung bewußt. Du kannst deinem Körper unterschiedliche Mengen von Energiequanten zuführen und die jeweiligen Auswirkungen beobachten. Die meisten Menschen sind sich der Wirkungen, die Essen und Trinken auf sie ausüben, nicht bewußt und daher den spezifischen Reaktionen, die verschiedene Nahrungsmittel in ihnen auslösen, ausgeliefert. Zwinge dir keine gutgemeinten Ernährungspläne auf, sondern iß einfach und beobachte, wie du dich danach fühlst. Dann erinnere dich und wähle deine Nahrung danach aus, wie du dich fühlen willst. Deine Möglichkeiten der Selbstbeeinflussung werden sich enorm ausdehnen, wenn du deine Ernährung bewußt steuerst.

Darüberhinaus ist die Wichtigkeit einer guten Gesundheit und organischen Widerstandskraft für die Praxis der Magick gar nicht hoch genug einzuschätzen.

3) Bewußtseinsveränderung

Trance, Gnosis, innerer Raum etc. sind Begriffe, die einen veränderten Bewußtseinszustand bezeichnen, der sehr nützlich für viele magische Techniken ist. Leider entwickeln sowohl die Begriffe wie auch die Bewußtseinszustände sehr oft eine eigene Dynamik und beginnen, Objektivität und Unersetzbarkeit für sich zu beanspruchen. Vergiß niemals den rein subjektiven Status veränderter Bewußtseinszustände. Neunundneunzig Prozent des Unsinns, der über Magie berichtet wird, resultiert aus der mangelnden Beherrschung der jeweiligen Techniken der Bewußtseinsveränderung. Hypnotherapie, NLP und Hemi-Synch-Cassetten stellen sehr wirksame und ungefährliche Methoden der Bewußtseinsveränderung zur Verfügung; ihre Verifizierbarkeit und wissenschaftliche Strenge qualifiziert sie in besonderem Maße gegenüber vielen antiquierten, unsicheren und umständlichen Methoden der Trance-Induktion.

Der Eintritt in das subjektive, private Universum der Souveränität des eigenen Willens kann natürlich auch mit anderen Methoden geschehen, und alternative Techniken sollten auch erprobt werden, doch sie oder er sollte zumindest eine Technik sicher beherrschen. Ein ruhiges und elegantes Hineingleiten in einen veränderten Bewußtseinszustand ist eine fruchtbare Grundlage, auf der wesentlich mehr errichtet werden kann als durch ein chaotisches Hineinstürzen oder „Ausrasten" aus der Konsensus-Trance.

4) Denken

Die direkte und persönliche Erfahrung der subjektiven Eigenwelt darf den Magier nicht dazu verleiten, die objektiven Tatsachen der „äußeren" Umwelt zu ignorieren oder gar zu leugnen. Es ist nicht damit getan, sich selbst zu verstehen. Um nicht von Ereignissen überrumpelt zu werden, die anderen Gesetzen folgen als dem Willen des Magiers, ist es angeraten, sich regelmäßig und sorgfältig im systematischen, rationalen Denken zu üben. Ein rudimentäres Verständnis mechanischer und biologischer Vorgänge kann viel dazu beitragen, die natürliche Welt zu verstehen und zu meistern.

Widme dich einige Stunden pro Woche dem Laienstudium der Naturwissenschaften, ohne dabei in magische oder metaphysische Spekulationen abzudriften. Verfalle auch nicht dem dogmatischen Glauben an die Exaktheit wissenschaftlicher Forschung. Es geht vielmehr darum zu lernen, präzise und schlüssig zu denken und Ursachen von Wirkungen trennen zu können. Gerade letztere Fähigkeit ist für die magische Praxis von unschätzbarem Wert. Die Reichweite deines Wissens wird nur von den Grenzen deiner Vorstellung und der Spannbreite deiner Interessen eingeschränkt. Diese Einschränkungen aufzuheben ist das Ziel der Routine rationalen Denkens.

5) Wohlbefinden

Die Praxis der Schwarzen Magick erfordert ein hohes Maß an Disziplin und Selbstüberwindung, und ihre Anforderungen können selbst den ausdauerstärksten Magier zu irgendeinem und immer ungünstigen Zeitpunkt erschöpfen. Wie im gewöhnlichen Leben können auch in der Magie übermäßige Anstrengungen mehr verhindern als nützlich sein. Die vielfältigen Möglichkeiten des Lebens zu genießen muß kein Widerspruch sein zu regelmäßiger und arbeitsintensiver magischer Praxis. Die Disziplin dient nicht zuletzt der Entwöhnung von unbewußtem und roboterhaftem Verhalten, welches die Willensfreiheit des Magiers einschränkt. Wenn andererseits die Disziplin selbst zu einem zwanghaften Verhalten geworden ist, wird es schwierig, wieder eine geeignete Balance zwischen Strenge und Gelassenheit zu finden. Laß es gar nicht so weit kommen. Daher solltest du dein Leben so gestalten, daß Wohlbefinden zu seiner Grundlage wird, auf der du beginnst, nach und nach Selbstbeherrschung und eine routinemäßige Praxis zu etablieren. Handele nicht aus Not- oder Zwangsituationen heraus, sondern aus dem Luxus des Überflusses, aus Freude und Wohlgenuß, so daß du nicht in die Lage gerätst, wo die Magie dich aus einer Zwangslage herausziehen muß. Wohlgenuß ist das Schlagwort satanistischer Philosophie und Magie, die stets darauf beharrt, daß der Mensch als potentieller Gott zu nichts verpflichtet ist und sich alles aneignen kann, was er begehrt und als erfüllend empfindet.

Lege mindestens soviel Wert auf dein persönliches Wohlbefinden wie auf die Einhaltung deiner Disziplin. Überholte ideologische Programme drängen uns oft dazu, zwischen selbstauferlegter „Pflicht“ und entspanntem Selbstgenuß zu wählen. Gib diesem Drang nie nach, sondern relaxe und betrachte die Situation aus der Position eines Menschen, der zu nichts gezwungen werden kann und der über alle Zeit der Welt verfügt. Handele erst, wenn du dich in einer Situation der Stärke und gelassenen Selbstbewußtseins befindest. In einer Situation der existentiellen Bedrohung hingegen wird die urtümliche Kraft deiner sich selbst erhaltenden Physis alle Zweifel und verzögernden Gedanken auslöschen und wirksamer handeln, als du es planen könntest. Es gibt also keinen Grund, verunsichert zu sein und aus lauter Furcht auf Genüsse zu verzichten und asketisch zu leben. Der linke Pfad kennt viele Pfade, und jedes Individuum kreiert seinen eigenen Weg über den Abgrund uneingeschränkter Freiheit. Das Leben selbst wird zum Yoga der Möglichkeiten, sobald du realisiert hast, daß Magick keine vom alltäglichen Leben getrennte Disziplin, sondern dessen höchste Entfaltung und die Manifestation unserer Freiheit ist. Ob wir nun atmen, essen, trinken, denken, lieben oder genießen, es gibt keinen Grund, diese Primärhandlungen menschlichen Lebens nicht bewußt zu vollziehen oder zu glauben, Bewußtheit in diesen Angelegenheiten sei unangenehm, gefährlich oder gar unmöglich. Die Gesetze des Universums sind für alle Lebewesen gleich, und es liegt an dir, ob du nun darüber weinst, lachst oder unbeeindruckt deinen Willen tust.

„When the universe decides to stop, what then?“
David Tibet, *Current 93*

Die Wege des Khabs – Anregungen zur schwarzmagischen Praxis

Der Ritus der Neun Zauberer

Die Originalversion dieses Ritus („Ceremony of the Nine Angles") stammt aus *The Satanic Rituals* von Anton Szandor LaVey. Eine weitere Version wurde von David Myatt veröffentlicht (innerhalb des O.N.A.). Unser Ritus weicht inhaltlich nur geringfügig, formal jedoch sehr stark von seinen Vorgängern ab. Ich empfehle allen, sich vor der Ausführung des Ritus mit den Unterschieden der verschiedenen Fassungen auseinanderzusetzen und eventuell eine eigene Version zu erarbeiten, die ihre Vorstellung von der vermittelten Idee am genauesten repräsentiert.

Die Zeremonie ist in ihrer einfachen Kraft und Schönheit so verzaubernd, daß keine Umgestaltung ihren Wert mindern kann.

Der Ritus sollte am Neumond unter freiem Himmel oder besser noch in einem alten, verlassenen Gemäuer von bedrückender Dunkelheit und Einsamkeit zelebriert werden.

Der Text ist für die Ausführung von neun Teilnehmern des Ritus geschrieben, er kann jedoch ebensogut alleine ausgeführt werden. Er sollte sogar vor einer Gruppenzeremonie von jedem Teilnehmer alleine erprobt worden sein.

Das magische Setting, in dem diese Anrufung vollzogen wird, sollte dem Ort, der Zeit und deiner Absicht in einfacher, aber präziser Form entsprechen.

Anrufung der Neun Zauberer

Hebe die linke Hand und gebe mit den Fingern das V-Zeichen.

Heil Azathoth, Dir, ohne dessen Gelächter diese Welt nicht bestehen könnte.

Höre uns, Azathoth, geheimer Mittelpunkt des Multiversums! Laß den Klang deiner Flöten unsere Geister zur Stille führen, um den Schrecken deines Reiches zu begegnen.

Deine lustvolle Heiterkeit soll über unsere Ängste lachen, und in deinem Namen erfreuen wir uns in der Welt der Schrecken.

Heil Yog-Sothoth, Dir, ohne dessen Zeichen wir selbst nicht bestehen könnten.

Höre uns, Yog Sothoth, Meister aller Dimensionen, durch deinen Willen sind wir erhoben über die Welt der Schrecken.

Gesichtsloser, führe uns durch die Nacht deiner Schöpfung zum geheimen Bündnis der Winkel und dem Versprechen deines Willens.

Hebe deine Arme in einem spitzen Winkel nach oben.

Die Dunklen Götter waren, die Dunklen Götter sind, die Dunklen Götter werden sein. Einst kamen sie her, und wir waren hier. Während sie schlafen, achten wir auf sie. Ihr Schlaf wird unser Tod sein, doch mit ihnen werden wir wiederkehren. Denn wir sind ihre Träume, und sie werden erwachen! Heil den uralten Träumen der Dunklen Götter.

Heil Nyarlathotep, Dunkler Gott, der auf den Winden der Hölle reitet und den Finsteren der Nacht befiehlt, die zwischen den Toten und Lebenden weilen. Öffne uns das Tor zu dem Uralten Einen, der die Welt der Schrecken erschuf und dessen Wort wir ehren bis zum Ende des todlosen Schlafs.

Heil Nyarlathotep.

Heil Dir, Dunkler Fürst der Hölle, dessen Macht wir hier vertreten. Heil Dir und deinen Ahnen, in deren Tempel Du die Launen deines Willens auslebst: Lachen und Weinen vor Grauen und vor Lust , in Angst und in Ekstase, in Einsamkeit und in Zorn.

In deinem Namen treten wir in Kontakt mit unseren Ahnen. Laß den Uralten Einen, den Herrscher der Welt der Schrecken, vor uns erscheinen und mit uns sprechen, denn wir wollen das Bündnis erneut bekräftigen;

das Bündnis der Winkel des linken Pfades.

Heil Shub Niggurath, Schöpfer der Welt der Schrecken. Heil Dir, Schöpfer der Ungehörnten. Heil Dir, Sturmbock der Sonne und der Unsterblichen. Heil Dir, der nicht schläft und dessen Bündnis und Namen wir ehren. Heil Shub Niggurath.

Ich bin der Ich bin. Durch die geheimen Winkel spreche Ich mit den Ungehörnten und erneuere das Bündnis der Dunklen Götter, durch deren Willen diese Welt ins Dasein gelangt ist. Laßt uns das Bündnis der Neun Winkel erneut verkünden.

Das Bündnis der Neun Winkel

Kreuze deine Arme vor der Brust, links über rechts, die Hände zu Fäusten geballt:

Aus dem ersten Winkel kommt das Unendliche, in dem der Lachende weint und die klagende Flöte erklingt bis zum Ende der Zeiten.

Aus dem Zweiten Winkel kommt der Meister, der die Flächen und Winkel anordnet; er, der die Welt der Schrecken, grausam und herrlich, entworfen hat.

Aus dem dritten Winkel kommt die intellektuelle Kraft, den Herrscher der Welt der Schrecken zu erkennen sowie das Gesetz der neun Winkel; er, der dem Dasein Substanz gibt.

Aus dem vierten Winkel kommt der Sturmbock der Sonne, der das Selbst ins Werden wirft und die Welt der Schrecken überwinden hilft; der Herr der Zeiten, dessen Namen vom dunklen Glanz der neun Winkel kündet.

Aus dem fünften Winkel kommen die Ungehörnten, die den Tempel der Dunklen Götter des Erschaffens auf fünf dreiflächigen Säulen errichten und deren Siegel zugleich vier, fünf und neun ist.

Aus dem sechsten Winkel kommt der Schlaf der Dunklen Götter, die Symmetrie, welche die Fünf vernichtet, doch die Vier und Neun bestehen läßt.

Aus dem siebten Winkel kommt der Sturz der Symmetrie, das Erwachen der Dunklen Götter, denn die Sechs wird von der Vier und Neun überwunden,

Aus dem achten Winkel kommen die Meister, die den Dunklen Göttern den achtsäuligen Tempel errichten und deren Siegel zugleich vier, fünf und neun ist.

Aus dem neunten Winkel lodert die atmende Flamme des Anfangs und Endes aller Dimensionen: das dunkle Licht, das den Zauber des Begehrens lehrt.

Nach einer kurzen Phase des Verinnerlichens:

Heil den Ungehörnten!

Heil Shub Niggurath!

Yog Sothoth zeigt uns den Weg, und Nyarlathotep bewacht das Tor.

Heil Yog Sothoth!

Heil Nyarlathotep!

Heil Satan!

Sitze schweigend, deinen Geist nach innen gerichtet, bis das Feuer erloschen ist. Dann gehe, weiterhin schweigend, nach Hause.

Die Botschaft des Shaitan

Entzünde die Schwarze Flamme.

3x Glocke

Rezitiere die folgenden Worte aus dem Diabolicon:

„Und als Ich sah, daß Gott nicht einen eigenen von ihm getrennten Willen anerkennen würde, packte mich das Entsetzen. Denn Ich wurde gewahr, daß die Intrige Gottes am Ende die Erschaffung bei allen Dingen zerstören würde und daß das Weltall als ein auf einen Punkt fokussierter Mechanismus ins Dasein gelangen würde.

Und so entfachte Ich, Lucifer, der Ich den Namen Erzdämon Shaitan angenommen habe, die dunkle Flamme der Unterscheidungsfähigkeit und des freien Willens im Menschen.

Denn Ich bin wahrhaft der Große Feind von allem, was Gott ist. Zusammen, Mensch, Du und Ich, werden wir unseren ewigen Ruhm in der Vollendung unserer beider Willen erlangen."

Heil Shaitan!

5x Glocke

Dann sprich die Worte Shaitans:

Stille. Stille. Stille.

Ich bin der Stern, der mit euch wandert und aus dem Abgrund strahlt.

Ich bin die rote Sonne am Firmament des Zorns, die ihre Feinde niederstreckt mit den Pfeilen der Zeit.

Ich bin der wilde Stier des Südens, der bei jeder Gegenwehr noch stärker nach vorne prescht.

Ich bin der zeitlose Eine, dessen Flamme niemals verlöschen wird: die Dunkelheit, die ihren Namen kennt.

Ich führe euch zu den Grenzen der Endlichkeit, wo Ich eure Träume zu Scherben schlage und meine unsterbliche Essenz in die offenen Wunden eurer Herzen gieße.

Brennt in Euch das fiebrige Verlangen, die köstlichen Geheimnisse des Unbekannten zu entdecken?

Trinkt Ihr in Einsamkeit den ekstatischen Glanz

eurer ureigenen Größe?

Erkennt Ihr den schrecklichen Drachen mit giftigen Riesenschwingen und rasendroten Augen, der eure Schwächen verbrennt, um euch zu erheben?

Bejahe die Frage innerlich

Dann seid willkomen als Kinder des Set und erhebt euch, erkennt die Schönheit eures Daseins und seid stolz auf euren Glanz, der durch die Äonen leuchtet.

Denn Ich bin wie Ihr, hochgeehrt, König unter Königen:

der uralte und edle Strom der Dunklen Essenz in den Venen und Arterien menschlichen Fleisches, der die Materie verwandelt und ewiges Leben erschafft.

Schaut den Stern der Mitternacht, der von unserer Herrschaft kündet!

Schau auf das Pentagramm des Set.

Das Große Tor des Universums ist geöffnet, und die Erwählten Sets sind geladen. Das Schwert der Intelligenz hat die Lüge im Inneren zerrissen, und die Flamme des Willens lodert auf in der Tiefe der Nacht.

Wir verweilen in der Stadt der Pyramiden unter der Nacht des Pan und erfreuen uns der Kraft der erneuerten Schwarzen Sonne, des Sterns der Lebenden!

Der Prinz der Dunkelheit, der Große Verdammte der ersten Stunde, ist aus seinem Versteck jenseits der Zeit zurückgekehrt und hat seine Gabe den Würdigsten unter den Menschen gegeben: jenen, die ihre Herzen furchtlos geöffnet haben den dunklen Reichen der Nacht.

Der Kelch ist allen angeboten worden, doch nach dem Gesetz der Großen Alten muß er aus freiem Willen geleert werden.

Dann erst werden die Lippen, von den Lügen der Jahrhunderte gebunden, gelöst und das Schweigen wird gehört von denen, die noch Ohren haben.

Trink aus dem Kelch

<u>3x Glocke</u>

Die Dunkle Flamme lag brach in den Tiefen eures Unbewußten und konnte nur als Symbol noch weiterbrennen.

Dann brach sie hervor als wildes, unbeherrschtes Flammenrad, dem kein Mensch gewachsen war.

Und heute gelangt sie ins Dasein durch die Macht jener, die die Kräfte des Eises und des Feuers im Gleichgewicht zu halten vermögen.

Dies ist die wahre Kunst unserer Schwarzen Magick:

die Erschaffung neuer Welten und Rassen durch die Kenntnis, Beherrschung und das Ausleben der

Antipoden unseres Seins.

Heil dem Menschen!

Heil Shaitan!

Vampyrismus

Was ist ein Vampyr? Ein Vampyr ist zuallererst ein sehr altes Wesen; ein Wesen, das die Zeitlosigkeit und Unvergänglichkeit auf urlebendige Weise verkörpert; eine archetypische Kreatur, die schon vor dem Menschen existierte und die nach seinem Untergang weiter existieren wird.

Im Gegensatz zum populären Hollywood-Vampir, der eine Version des Untoten ist, die allein von unbewußten und physischen Trieben beherrscht wird, ist der Vampyr der Satanistischen Magie ein überbewußtes, in Generationen gereiftes Bravourstück des freien und intelligenten Selbst.

Außer der zweifelsfrei starken erotischen Anziehungskraft besitzt der Vampyr weitere Fähigkeiten und Eigenschaften, nach denen jedes starke Wesen trachtet. Der Vampyr ist ohne Meister und lebt nur nach seinen eigenen Regeln, die er in Jahrhunderten, jenseits menschlichen Erfassungsvermögens, selbst entwickelt hat. Leben, Tod und Liebe werden vom Vampyr auf Grund seines viel umfassenderen Erfahrungsschatzes völlig anders bewertet als von den durch gesellschaftliche Nebel in ihrer Sicht beschränkten Menschen.

Der Vampyr ist sich seiner selbst bewußt sogar in den Wirbeln der Ekstase. Er ist frei von jeder Art der Kontrolle. Er tanzt und wirbelt aufrecht, wo andere Wesen im Rausch der Verzückung ihre Identität verloren haben und mit gebeugten Rücken auf dem Boden danach suchen. Die Übermacht des Vampyrs ist von lässiger Eleganz, fern jeder Steifheit verklemmter Kontrolle. Seine Selbstbewußtheit kennt keine asketische Unterdrückung – sie ist mit Freude zelebriertes Ausleben der eigenen Fähigkeiten.

Die aktuelle Popularität des Vampyrs in Büchern, Filmen und Comics zeigt sehr deutlich, was der Mensch am meisten vermißt und begehrt: die Macht über das eigene Leben und Schicksal. Der Vampyr fasziniert zum einen durch seine ungewöhnlichen Kräfte, mit denen er sich selbst den größtmöglichen Genuß und Vorteil verschafft, und zum anderen durch seine markante Andersartigkeit, sein Alien-Dasein, das sich stolz und lachend über Leiden und Verzweiflung erhebt und sich auf fesselnde und befriedigende Weise selbst inszeniert.

Der Vampyr ist ein sehr erotisches und sinnliches Wesen. Seine sexuellen Aspekte werden noch zusätzlich mit der Ahnung von Gefahr gewürzt, und die Verführung selbst wird schon zu einem berauschendem Fest der Sinne. Das Begehren des Vampyrs ist von einer durchdringenden Art, da es viel tiefer ins Fleisch und in die Zellen dringt. Die Gefahr des Verführt-Werdens, der willenlosen, hemmungslosen Hingabe ist ein unwiderstehlicher Reiz, den der Vampyr aus der Welt der Tiere mitgebracht und lebendig erhalten hat.

Seine Präsenz verlangt persönliche Stellungnahme; im Gewand der Jahrhunderte, das ihn immer umhüllt, verschwindet alle Neutralität. Ein Vampyr ist einem Menschen niemals gleichgültig. Immer bewirkt sein Erscheinen eine starkes Gefühl, das schneller hervorspringt als jeder kritische Gedanke. Er ist unnatürlich, uralt, verabscheuend, faszinierend. In seinem Kraftfeld schwingt eine Kälte, die trotz ihrer Frische unangenehm ermüdend ist. Er ist unheimlich, weil er jedem hundertprozentige Aufmerksamkeit widmet und dennoch des Geschehens in den Nebenräumen gewahr wird. Wo plötzlich und unvermittelt ein lautes Geräusch alle ruckartig auffahren läßt, hat er sich ungerührt eine Zigarette angezündet. Die Gegenwart hat sich ihm schon längst ereignet, wenn sie dem Menschen widerfährt. Das lauernde Tier in ihm ist nicht der größte Feind seines Intellekts, sondern dessen bester Freund und Begleiter, und gemeinsam erfreuen sie sich am Bankett des übervollen Tisches ihres Lebens, während die Menschen im Abgrund zwischen Tier und Geist verhungern.

Auch ist es ein Mythos, daß er sich von der Lebenskraft anderer Wesen ernährt. Er bedient sich dessen lediglich, um seine Vampyrische Essenz in neue Tiefen und Höhen auszudehnen, der Zeit vorauszueilen und in der Leere des Noch-Nicht-Gewordenen seine Flügel auszubreiten und den Flug seiner Freiheit zu genießen. Solcherart ist der Vampyr, von dem wir hier reden.

Der *Ritus der Vampyre* (basierend auf dem Text zu den *Elektrischen Vorspielen* aus *The Satanic Rituals*) ist geeignet zur Selbsteinweihung in den Clan der Lebenden, zum Erwecken der Vampyrischen Essenz. Persönliche Erfahrung und enge Vertrautheit mit den eigenen Vampyr-Qualitäten ist notwendig, um nicht von unbemerkten und sich selbständig machenden Ängsten überrascht und aus dem Konzept gebracht zu werden.

Vampyrismus ist sicherlich die faszinierendste Variante Satanistischer Magie. Die Annäherung an die eigene Vampyrische Essenz sollte dennoch behutsam und keinesfalls übereilt geschehen. Übereiltes Handeln birgt nicht nur Gefahren, sondern erweist sich überdies als ineffizient.

Die Phantasie kann angeregt und mit Bildkraft bereichert werden durch die Lektüre diverser Vampyr-Romane, private Kostüm-Happenings unter dem Motto des Vampyrismus, selbstentworfene Entspannungs-Sessions mit starker Reizung der Sinne und natürlich durch das befreiende Spiel, ein Vampyr zu sein!

Nach sorgfältiger Vorbereitung und der Selbsteinweihung in den Clan der Lebenden kann sich der Vampyr dann ganz seiner eigentlichen Kunst widmen (siehe *Die Kunst des Vampyrismus*).

Solltest Du zu irgendeinem Zeitpunkt die Gewißheit erlangen, ein Vampyr zu sein, dann erinnere dich an die traditionelle Lehre, daß nur ein Vampyr einen Sterblichen zu einem Wesen seiner Art verwandeln kann. Erinnerst Du dich an deinen Schöpfer?

Höre das perlende Lachen zufriedener Kehlen:

Surf, not serve!

Der Ritus der Vampyre

Schlage 9 x die Glocke

Entzünde die Schwarze Flamme

Proklamation des Gesetzes des Clans der Lebenden:

Die Feuer der Hölle sind entfacht!

Ich erhebe mich aus dem Morast des Vergessens und befehle den Mächten der Finsternis:

Öffnet weit die Portale zur Dunkelheit!

Wehet ein durch die glänzenden Winkel des

Großen Pentagramms von Set!

Erscheint und seid nicht länger zurückgedrängt!

Ich sage: der Glanz unserer Herrschaft muß gesteigert werden.

Daher offenbart das Gesicht der furchtbaren Schlange!

Beendet den Weg derer, die uns aufhalten, durch den Höllenklang eurer schrecklichen Namen.

Ja! Hört eure Namen und offenbart das unsterbliche Geschlecht der Herren der Welt:

Tchort!

Balaam!

Pyerun!

Kors!

Volkh!

Volos!

Dracula!

Kashcei!

Iarilo!

Morena!

Svarog!

Set!

Hört, ihr sterblichen Narren, und lernt das Gesetz der Brüder der Nacht:

Die Schlange lebt, an einem Platz, der offen ist für die Welt.

Unsichtbar schleicht sie mitten unter euch, und so gelangen wir, meine dunklen Freunde und Ich, durch die geheimsten Winkel in die Höhlen eurer Herzen!

Ich weiß sehr wohl von euren Gedanken an sichere Flucht, doch an der Grenze warten die Jagdhunde geduckt auf eure Seelen.

Sie sind die Wächter der Schwelle, wartend an den äußersten Rändern der Zeit, doch von der anderen Seite, unerkannt für euch. Die Höllenhunde des Anubis bewegen sich frei durch alle Winkel und an jenen Orten, wo der Ritus gesprochen wird.

Manche nehmen die Gestalt der Menschen an, und wenn Blut vergossen wurde, ziehen sie sich wieder zurück in die Grotte des Satans, nehmen die Form an, die Ich gut kenne.

Und sie warten darauf, nochmals zurückzukehren in eure Welt.

Glaube nicht, Mensch mit verdorbenem Gehirn und feigem Sinn, daß Du dem Großen Tier entkommen kannst durch Beschreiten deines Altars. Sie folgen dir schnell.

Ich kenne sie, da Ich einer der Ihren bin und die große Schranke erreicht habe, die zeitlosen Ufer der dunklen Ströme der Lebenden.

Ha! Ich fand sie versteckt in den Abgründen, der Zeit weit voraus. Sie witterten mich von weitem, erhoben sich und gaben den großen durchdringenden Schrei von sich, der von den Erwählten gehört wird.

Dort, im Lager des wilden Tieres, entfernt von den Menschen, an den düstersten Ufern der Zeit, jenseits des Weltenrandes, sah Ich sie: ihre Rachen sind heißhungrig und gefräßig nach den Seelen derer, die keine haben!

Ich kam zurück durch die Winkel, und eisern folgten sie mir.

Ha! Die Verschlinger der Seelen folgten mir, und somit wurde Ich ein Erbe des Prinzen der Dunkelheit.

Wir ritten durch den Wirbelwind der Nacht, um die Erde zu reinigen und das Feuer zu entfachen, das das Welteneis zum Schmelzen bringt.

So lernte Ich das Gesetz der Brüder der Nacht – das Große Gesetz und das Niedrige Gesetz. Das Große Gesetz bringt das Gleichgeweicht, ist beharrlich ohne Erbarmen.

Das Niedrige Gesetz verbleibt als Schlüssel, und das glühende Pentagramm der Hölle ist die Tür.

Ich studierte gut den Stein des Fluges, unerkannt für jene ohne ihn, und sah im Inneren die Jagdhunde darauf warten, die Welt zu entflammen.

An diesem grimmigen Ort, der Zeit voraus, glüht der dunkle Glanz des Clans der Lebenden und herrscht das Große Tier, das uns erhebt und jene schlägt, die gegen uns sind.

Höre mich, schwacher Mensch! Sei gewarnt!

Versuche nicht, gewaltsam das Tor zur Zukunft zu öffnen.

Wenige hatten Erfolg, die große Schranke zu passieren zur Grotte der Dunklen Macht.

Ich kenne meine Freunde. Verweilst Du jemals in den Abgründen, suchen sie nach deiner Seele und halten sie in ihrer Gewalt. Höre, Mensch mit vernebeltem Gehirn und beherzige meine Warnung: Flieh, wenn Du kannst, und ergründe den Nebel nicht länger! Ihr habt den Schlüssel erhalten, aber eure Gehirne sind klein und begreifen nicht das Wort.

Deswegen hört den Klang, den großen Glockenklang, das Bellen der Hunde. Sie kommen durch den flammenden Stern des Set, und ihre Augen glühen mit den Feuern der Hölle!

Oh Mensch! Fliehe, wenn Du kannst, zu den äußersten Grenzen deines Bewußtseins und wisse: Du weißt nichts über die Grundlage deiner Schöpfung.

Nur jene, die grundlos ausharren in Verzweiflung und nicht zu weichen gewillt sind, werden den Mächtigen Teufel sehen.

Euch heiße Ich willkommen im Namen von Set!

Wir verwandeln unser Fleisch in einen Palast, unser Blut in starken Wein und den Abgrund in Ekstase!

Und wir sprechen mit schlangengleichen Zungen, dem Bellen der Hunde, dem großen Glokkenklang, der die Schranken

durchbricht, und Anubis ist der Wegbereiter.

Mächtig sind wir, die herrschen, und gering sind die, die leiden!

Die Stunde der Zusammenkunft ist gekommen: der Große Silberstern des Set füllt die Leere und wird zur Schwarzen Sonne am Firmament der Verachtung!

Heil dem Clan der Lebenden!

Wir wollen die Macht!

Wir werden die Macht haben!

Wir wollen Reichtum haben!

Wir werden Reichtum haben!

Wir wollen das Wissen!

Wir werden das Wissen haben!

Wir wollen Wachstum!

Wir werden Wachstum haben!

Wir wollen die Erfüllung unserer Begierden!

Wie werden die Erfüllung unserer Begierden haben!

Was wir wollen, werden wir haben!

Wir werden haben, was wir wollen!

Satan ist hier!

Lucifer ist hier!

Die Stunde der Zusammenkunft ist gekommen!

Lasse das Gesagte wirken.

Dann visualisiere dich in das Zentrum des Pentagramms.

Proklamation des Vampirs:

Ich bin ein Vampyr.

Ich verehre mich selbst und mein Leben,

denn es gibt keinen Gott, wo Ich bin.

Ich bin stolz auf mein uraltes Blut, in dem noch die Kräfte und

das Wissen wilder Tiere lebendig sind.

Ich glaube an nichts, das meine Intelligenz beleidigt

oder meinen Willen schwächt.

Ich streife durch die dunkelsten Winkel des Unbekannten,

um neues Wissen zu erlangen.

Ich benutze die Magie meiner Phantasie und Sehnsüchte,

um meinen Willen zu erfüllen.
Ich gestalte mein Leben als eine Zeit der Fülle,
Stärke und Schönheit.
Denn Ich liebe mein Leben
und verachte den Tod.
Ich bin ein Vampyr.
Verneigt euch vor mir.

Weihung des Kelches:

Dies ist der Graal, den die Sterblichen
suchen und niemals finden.
Er enthält die Essenz des Vampyrs.
Er kann nicht gefunden werden:
er muß geleert werden.

Leere den Kelch.

Kurze Pause.

Dann beende den Ritus mit den Worten:

Zodacar od Zodamran
Odo ciquale qaa
Zodorge iap zodirdo
noco Mad hoathahe
IAIDA!

Lösche die Schwarze Flamme.

Schlage 9 x die Glocke.

So it is done.

Anrufung zur Kontaktaufnahme mit dem Dunklen Strom

Einleitende Anrufung Sets

Im Namen von Set, dem Fürsten der Finsternis,
trete ich ein in das Reich der Schöpfung,
um meinen Willen im Universum zu wirken.
Oh, erhabener Set, höre mich,
schau auf mich
und gehe mit mir diesen Weg.
Umfasse mich mit den Mächten der Finsternis;
laß sie eins werden mit mir
- wie ich eins werde mit dem Ewigen Set,
dessen Sitz ist hinter dem Sternzeichen des Steinbocks.
Sobald ich mein höchst erhabenes und hervorragendes Selbst ausbreite,
dann rüste es aus mit dem Pentagramm von Set
und dem Zepter von Tscham,
damit es allen Zwängen trotze,
alle Infragesteller in Schrecken setze
und alles niederschlage,
was gegen es in Erscheinung tritt.

Dann werden meine Augen Sets Augen,
meine Stärke wird Sets Stärke,
mein Wille wird Sets Wille.
Ich werde wie ein Feuer in der Finsternis.
Ich werde wie Luft am Himmel.
Ich werde wie Erde im Raum.
Ich werde wie Wasser in der Einöde.
Ich verweile im Flammentempel von Ba.

Die Zeit unterwirft sich meinem Willen
und ich bin der Herr des Lebens,
des Todes und des Lebens im Tod.

Höre deshalb dieses Urteil,
das ich ausspreche
und bewahre das Ka,

das jetzt in Erscheinung tritt
durch die Kunst,
die ich beherrsche.

In nomine Dei nostri Satanas Luciferi excelsi !

Im Namen Satans,
des Herrschers über die Erde,
des Königs der Welt,
befehle ich den Mächten der Finsternis,
auf mich ihre höllische Kraft zu lenken.

Öffnet weit die Pforten der Hölle
und kommt hervor aus dem Abyss,
um mich als Euren Bruder und Freund zu grüßen !
Gewährt mir die Gunst, von welcher ich spreche.

Ich habe Deinen Namen als Teil meiner selbst übernommen !
Ich bin voll Lebens wie das Getier auf dem Feld,
sich seines fleischlichen Lebens erfreuend !
Ich bevorzuge das Echte und fluche dem Wurmstichigen.

Bei allen Göttern der Hölle befehle ich,
daß diese Dinge, von denen ich spreche,
ins Dasein gelangen sollen, damit sie sich ereignen.
Kommt hervor und antwortet Euren Namen dadurch,
daß meine Wünsche offenbar werden.

Hört die Namen:

Abbandon	Euronymous	Nija
Adramelech	Fenris	O-Jama
Ahpuch	Gorgo	Pan
Ahriman	Haborym	Pluto
Amon	Hekate	Prosperino
Appollyon	Ishtar	Prukha
Asmodeus	Kali	Rimmon

Astaroth	Lilith	Sabazios
Azarel	Loki	Sammael
Baalberith	Mammon	Samnu
Balaam	Mania	Sedit
Baphomet	Mantus	Sekhmet
Bast	Marduk	Set
Beherit	Mastema	Shaitan
Bile	Melek Taus	Schamad
Chemosch	Mephisto	Shiva
Cimeries	Metzli	Supay
Coyote	Miktian	T´an-mo
Dagon	Midgard	Tschont
Damballa	Milkom	Tezcatlipoca
Demogorgon	Monmo	Tammuz
Diabolus	Naamah	Thot
Dracula	Nergal	Tunrida
Emma-O	Nihasa	Typhon
		Jaotzin
		Jen-lo-Wang

„Am Osten der Welt
steht der Mitternachtsberg.
Ewiglich wirkt sein Licht.
Des Menschen Auge kann ihn nicht sehen,
und doch ist er da.

Über dem Mitternachtsberg strahlt
die schwarze Sonne.
Des Menschen Auge kann sie nicht sehen.
Und doch ist sie da.

Im Inneren leuchtet ihr Licht.
Einsam sind die Tapfren und die Gerechten –
doch mit ihnen ist die Gottheit.“

Inschrift aus Balibu

Die Größere Anrufung

Ich erhebe meine Stimme in schmerzlicher Pein
und unterdrückter Wut,
verhüllt in Donnerhall,
Damit Ihr sie hören möget !
Oh, Ihr Mächtigen, die Ihr Euch in der Finsternis versteckt haltet.
Oh, Ihr Bewacher des Weges!
Oh, Ihr Günstlinge der Gewalt des Thot!
Setzt Euch in Bewegung und erscheint!
Zeigt Euch uns in Eurer gütigen Macht,
um uns aus der Verstrickung der inneren Qualen zu befreien.

Verschließt uns im Bollwerk Eures Schutzes,
damit wir nicht unverdient leiden müssen
und gestärkt unseren Feinden gegenüber sind.
Laßt alles, was sich gegen uns stemmt,
kraftlos und ungeschehen werden.

Steht uns durch Feuer und Wasser,
Erde und Luft bei,
damit wir wiedergewinnen,
was wir verloren haben.
Stärkt unser Inneres, unser Mark mit Feuer.

Denn wir sind Freunde auf dem linken Pfad.
Durch die Kraft Satans laßt die Erde
und ihre Freuden bei uns einkehren.
Laßt unsere Lebenssäfte aufs Neue ungehindert fließen,
damit wir den fleischlichen Göttertrunk
zukünftiger Begierden wieder schmecken.
Vernichtet unsere Gegner
- ob verkörpert oder formlos,
damit wir freudig hervorgehen
und stark gegen das werden,
was uns bedrückt.

Gebt uns die Macht, die Freude,

die unendliche Herrschaft über die Schwachen,
die uns umzingelt haben,
wieder zurück.
Erlaubt keinem Mißgeschick,
unseren Weg zu kreuzen,
denn wir sind von Eurer Art und hoch geehrt.
Baut um uns den triumphierenden Strahlenglanz,
der von unserem Herausbrechen aus dem Morast,
der uns zu verschlingen droht,
kündet und Zeugnis ablegt.

Das befehlen wir im Namen Satans,
dessen Wohltaten grenzenlos tätig sind
und dessen stärkende Kraft sich durchsetzen wird.
Wie Satan herrscht,
so sollen auch wir herrschen.
Wir sind das Gefäß, dessen Fleisch wie die Erde ist -
unaufhörliches Leben, endlose Welt.
Schemhamphorasch! Heil Satan!

Weihung des Grals:

Walking trough the formes of Set
Breathing ultimate infinity
On the other side of the brink
Truth becomes.
Leaving out the corpse of man
Being crystal clarity
On the other side of the day
Light becomes.
Burning in the majesty of Set
Passing familiar shades
On the other side of the matter
Fire becomes.
Becoming black flame´s blaze
Glittering the icy Graal
Receiving the Cup of Onyx

On the other side
Set is.

Abschluß:
Einsam,
jenseits von Kälte,
jenseits von Hitze,
jenseits der Götter,
jenseits der Menschen,
Dämonen und Teufel,
gekommen aus tiefster Tiefe.
Wer hätte solche Kraft,
wenn nicht jene,
die uns vorausgegangen,
denen wir gleichen.
Empfange von ihnen die Kraft,
die die Schmerzen überwindet.
Hail Set !
Hail man!

Lösche die schwarze Flamme
So it is done!

Anrufung der Feuerschlange

Ich bin die uralte, stets gefürchtete Schlange,
die die Welt umzüngelt und die Glorie des Werdens lehrt.
Ich bin das gewaltige formlose Feuer,
das aus geheimsten Winkeln lodert
und jedes Herz mit seiner Glut verzehrt.
Die schreckliche Kraft verschlingenden Lebens
bin Ich und Nichts begehrt mich
mit zitternder Sehnsucht der Erinnerung.
Ich bin der unaufhaltsame Strom des Willens,
der ins Dasein drängt mit Stärke, Schönheit, Freude und Glanz.
Der sich in freien, tanzenden Mäandern
durch die Tiefen und Höhen der Vorstellung
schlängelt und windet und tötet und verzehrt
und befruchtet und brütet und lebt!
Leben und Tod sind meine Flanken, mein Leib erstrahlt
von den Juwelen und Rubinen der Freiheit und der Lust.
Meine Augen durchschneiden die Wüstenstürme,
und was ich einmal erfaßt, kann nicht entkommen.
Ich bin die gefiederte, smaragdene Drachen-Schlange
der Unsterblichkeit, Herr über Leben und Tod.
Die Schlange Satan, Kundalini,
Uräus und Typhon sind meine Namen.
Doch mein Antlitz ist geheim und verborgen
in den wilden Wirbeln der Hölle!

Xepera realiter

Das Ritual des Candamaharosana beschreibt an mehreren Stellen den Verzehr von Sekreten und Fäkalien, eine Praxis, die hierzulande in magischen Kreisen lediglich als 'Ekeltraining' akzeptiert wird, nicht jedoch als eingeweihter Umgang mit magischen Substanzen. Jeder von uns hatte diese Substanzen bei seiner Geburt im Mund, erinnert sich an ihren Geschmack. 'Wer hätte nicht durch solchen Schleim hindurch gemußt?'

Ob Mücken, Fliegen, Larven, Hunde oder Mistkäfer: fast alle Tiere mit einer besonderen Hinwendung und Verwendungsgabe für tierische und menschliche Ausscheidungen werden im christlichen Abendland als Gefolge oder gar Verkörperungen des Satans gebrandmarkt. Grund genug, ihnen eine gewisse Sympathie und Aufmerksamkeit zu widmen.

Die 'dunklen Abgründe menschlichen Daseins', wie sie sich im Scheißen, Pissen, Ejakulieren und Sekretieren offenbaren, sind den Tantrikern willkommene Brunnen der Regeneration und Gelegenheiten, dem Partner/der Partnerin zu beweisen, daß er sie/sie ihn ohne Einschränkung will, nicht nur mit Haut und Haaren. Im Inneren von Arsch und Sexualorganen werden jene Säfte produziert, die die Ekstase des Lebens leibhaftig werden lassen.

In der ägyptischen Mythologie kennen wir *Xepera*, den Skarabäus oder Mistkäfer, dessen besondere Weise, Nachkommen zu ernähren, die Ägypter dazu inspirierte, ihn mit dem Erschaffen, ins Dasein Gelangen namentlich zu identifizieren. Die Wortwurzel *Xeper* bedeutet sowohl 'machen, erzeugen, erschaffen, herstellen, formen, werden' wie auch 'rollen'!

„Der Mistkäfer gehört zur Klasse der coprophagi, der Dung-Esser, die ihre Eier in zu Kugeln geformten Dung ablegen. Diese Mist-Kugeln, hergestellt aus toter, träger Materie, beinhalten die Saat des Lebens, die unter dem Einfluß von warmer Feuchtigkeit und Hitze wächst und sich schließlich zu lebenden Kreaturen entwikkelt, die sich gleich nach ihrer Geburt aufmachen, um Futter zu suchen. Zu einer sehr frühen Periode der ägyptischen Geschichte wurde die Mistkugel des Skarabäus mit der Sonnenscheibe assoziiert, zum einen wegen ihrer Gestalt, zum anderen, weil sie die Quelle von Hitze und Licht für die neugeborenen Käfer war. Später erweiterten die Ägypter diese Assoziation dahin, daß sie sich vorstellten, wie die Sonnenscheibe von einem gigantischen Käfer über den Himmel geschoben würde genau wie die Mistkugeln von den Käfern über die Erde gerollt werden. Nach und nach wurde der Käfer zum Symbol für die Ideen des neuen Lebens, der Wiederauferstehung, des Lebens in neuen Formen und dergleichen, bis er schließlich zu einer der wichtigsten und mächtigsten Gottformen wurde, verantwortlich für die Erschaffung des Himmels, der Erde, der Unterwelt und aller anderen Dinge." (E. A. Wallis Budge: The Gods of the Egyptians, Vol. I, New York, 1969)

Der Mythos des Xepera gibt auch die magische Formel für den folgenden Ritus, der die Selbsterschaffung der Siddhis (okkulte Kräfte) auch ohne Partner ermöglicht. Dieser delikate Ritus ist abgeleitet aus einem *sadhana* der linken Hand, von dem der tantrische Yogi Shirmali berichtet. Der vollständige Text wird zitiert von Sudhir Kakar in *Schamanen, Heilige, und Ärzte: Psychotherapie und traditionelle indische Heilkunst*, München, 1984.

Dauer des Ritus: 9 Tage
Beginn : 6 Tage vor Neumond
Ort: ein möglichst abseits der Straße gelegener Raum, ohne jede Möbel und Ornamente.

Die ersten drei Tage dienen folgenden Vorbereitungen:

- Hör auf dich zu waschen, Zähne zu putzen etc.
- Koche einen einfachen Eintopf ohne Fleisch, von dem Du dich drei Tage lang notdürftig ernähren kannst.
- Benutze nur einen Teller und einen Löffel zum Essen, ohne diese abzuwaschen.
- Gehe deinen üblichen Beschäftigungen nach, empfange weiterhin Besuch etc.
- Um Mitternacht entzünde elf schwarze oder dunkelblaue im Kreis aufgestellte Kerzen, schlage elfmal deine Glocke, setze dich auf eine Decke, nach Süden gewandt, und wiederhole eine Stunde lang das Mantra:

  Hun netri aa heh utet se-mes su tchesef .
  Ta-a tu em ab-a ati bakai netri er neteru.
  Tchet-tu re pen her mahu en netrat.
  Neter kua.
  Au-a kha kua em bak netri.
  Ab kua neter kua khu kua user kua ba kua.
  Unenf-neter ma neteru em Neter-khertet.
  Au-f netra khat-f temtu.
  Netri u bak em per Khepera.
  Netri-f bak ma neteru.
  Neter netri kheper tchesef paut.

Lösche die Kerzen, schlage elfmal die Glocke und lege dich zum Schlafen hin.
Die folgenden drei Tage fahre so fort, jedoch ohne zu Essen.

- Trink nur Wasser, das Du in einer großen Schüssel bereithältst, und benutze deine Hände als Becher.
- Trink von deinem morgendlichen Urin und esse etwas von deinem Kot aus einem Nachttopf.
- Nach Sonnenuntergang entzünde die Kerzen, schlage die Glocke und invoziere auf deine Weise Xepera.
- Setze dich vor dein persönliches Mandala und beginne mit dem entsprechenden Mantra. Wiederhole es solange, bis Du Harndrang verspürst, und lasse los. Gib dem Drang nach und besprenkle dein Mandala und dich selbst

mit Urin und trink etwas davon aus deiner Hand. Ende mit einer einstündigen Rezitation des oben zitierten Mantras.

- Wiederhole dies am folgenden fünften Tag, fahre jedoch mit deinem persönlichen Mantra solange fort, bis Du den Drang zu Stuhlgang verspürst. Wieder lasse los und entleere dich dort, wo Du sitzt. Bestreiche dein Mandala mit etwas Kot und den Rest reibe dir auf deinen Körper. Ende wieder mit dem Mantra „Hun netri aa heh... ."
- Wiederhole dies am sechsten Tag und fahre dann solange fort, das Mantra „Hun netri aa heh..." zu intonieren, bis das geschieht, was nur zwischen Dir und Xepera geschehen kann. Ob Du angewidert vor Ekel oder entrückt vor Lust bist, fahre mit dem Mantra fort, und beginne, deinen Geist nur auf das Mantra gerichtet, dich zu stimulieren. Ziehe den Orgasmus solange wie möglich hinaus und schließlich lasse los. Der körperliche Orgasmus wird wenig spektakulär sein, die in deinem Bewußtsein auftauchenden Phänomene dagegen sehr.

Die abschließenden drei Tage dienen der Beobachtung und Wiedereingliederung in den Alltag. Nimm wieder leichte Kost zu Dir, am neunten Tag wasche dich wieder. Wiederhole weiter zu Mitternacht das Mantra wie in den ersten drei Tagen. In der letzten Nacht, nachdem die Kerzen gelöscht sind und die Glocke geschlagen, verbrenne dein Mandala in einer Schale. Schaue in das Feuer, bis es vollends verloschen ist, und richte deine Gedanken dabei schweigend auf Xepera.

Am Morgen des zehnten Tages ist der Ritus beendet.

Xeper tchesef.

EXIT

Auf daß die dunkelsten Tiefen,
die härtesten Felsen und das kälteste Eis
sich erhitzen mögen und dem
Fluß des einzigartigen Feuerstroms,
Der ich bin, sich öffnen,
meinen Willen zu empfangen: Xeper.

Auf daß ins Dasein gelange, was seit
uralten Zeiten danach schreit, und so
das Gewordene das Werdende unterstützt,
auf daß sich das Versprechen erfülle,
das sich die Zwillingsgottheit gab – und schied.
Auf Treue und Wahrheit ist gewachsen
was sich am Kriegen und Träumen erfreut.

Index

T

V

W

Y

Z

Frank Lerch
Nightworks
& Die schwarze Magie des Erschaffens
Das Schutzgeister-Traumbuch
Bohmeier Verlag
Küchenmagie
Bohmeier Verlag
Das neue Jahrtausend - Die große Wende
Bohmeier Verlag
It's magick-time ...damit Sie erleben, worüber Sie sonst nur lesen!
English and German books, for the next century!
A Lion's Teeth
Löwenzähne
George Spencer-Brown
Bohmeier Verlag
LAWS OF FORM
GEORGE SPENCER-BROWN
GESETZE DER FORM
BOHMEIER VERLAG
For more information!
Joh. Bohmeier Verlag
Hüxtertorallee 37
D-23564 Lübeck
fon +49 (0) 451-74993
fax +49 (0) 451-74996
Internet:
http://www.bohmeier-verlag.de
http://www.bohmeier.com
Geheime Invasion - Die Masken der Fremden
Die Rauschdrogen der Hexen
Sigillum²
Potenzierte Sigillenmagie
Bohmeier Verlag